ディープラーニング，
ビッグデータ，機械学習

あるいはその心理学

浅川伸一

新曜社

いつも見守ってくれる父と母へ

目　次

第1章　プロローグ ── 1
- 1・1　ディープラーニング，ビッグデータ，および機械学習　2
- 1・2　本書の想定する読者　6
- 1・3　本書の構成と特徴　7

第2章　第三次ニューロブーム前 ── 9
- 2・1　形式ニューロンのモデル　10
- 2・2　ホップフィールドモデル　15
- 2・3　多層パーセプトロン　16
- 2・4　サポートベクターマシン　18
- 2・5　多層化へ　21
- 2・6　たかがネコでなぜそんなに騒ぐのか？　23

第3章　巨人の肩 ── 25
- 3・1　直系尊属ネオコグニトロン　25
- 3・2　3層パーセプトロンの近似定理　29

第4章　心理学の来し方 ── 33
- 4・1　伏魔殿　33
- 4・2　視覚情報処理　34
- 4・3　ピアジェの認知発達　36
- 4・4　言語獲得　39

第5章　ディープラーニング ── 43
- 5・1　制限ボルツマンマシン　44
- 5・2　コントラスティブダイバージェンス　50

- 5・3 自動符号化（オートエンコーダ）　　　　　53
- 5・4 畳み込みネットワーク　　　　　　　　　55
- 5・5 ドロップアウト　　　　　　　　　　　　60
- 5・6 中間層の意味　　　　　　　　　　　　　65
- 5・7 カリキュラム学習　　　　　　　　　　　70
- 5・8 黒魔法　　　　　　　　　　　　　　　　74

第6章 ビッグデータの心理学的解釈 ──── 83
- 6・1 固有値問題のニューラルネットワーク的解法　84
- 6・2 パーセプトロンモデル　　　　　　　　　85
- 6・3 潜在意味分析　　　　　　　　　　　　　89
- 6・4 ビッグデータ特異値分解のマーケティングへの応用　93

第7章 心理学の現し世 ─────────── 95
- 7・1 表象問題　　　　　　　　　　　　　　　95
- 7・2 生物学的妥当性　　　　　　　　　　　　96
- 7・3 宇宙人の脳　　　　　　　　　　　　　　97
- 7・4 神経心理学への示唆　　　　　　　　　　98
- 7・5 心理モデルとしてのニューラルネットワーク　104
- 7・6 モデルの検討　　　　　　　　　　　　　107
- 7・7 統計的推論　　　　　　　　　　　　　　108
- 7・8 勾配降下法の守備範囲　　　　　　　　　110

第8章 心理学の行く末 ─────────── 113
- 8・1 サヴァン症候群　　　　　　　　　　　　113
- 8・2 存在しない人工知能 ── 創造性　　　　114
- 8・3 サポートベクターマシンの逆襲可能性　　116
- 8・4 ジェフの夢はベスの夢　　　　　　　　　116

第9章　エピローグ —— 119

あとがき —— 121

付録A　関連URL —— 123

付録B　制限ボルツマンマシンを訓練するための実践ガイド —— 124
 B・3　コントラスティブダイバージェンスにおける統計の収集方法   124
 B・4　ミニバッチのサイズ   127
 B・5　学習状況のモニタ   127
 B・6　過学習のモニタ   128
 B・7　学習係数   129
 B・8　結合係数とバイアスの初期値   130
 B・9　モーメント法   131
 B・10　重み崩壊法   132
 B・12　隠れ層のユニット数   134

付録C　数学的記述 —— 136
 C・1　総和記号、総乗記号   136
 C・2　微分, 偏微分   137
 C・3　指数, 関数   138
 C・4　畳み込み積分   139
 C・5　平正規分布   140
 C・6　線形数学   140
 C・7　尤度   151
 C・8　枝刈り法   155

引用文献 —— 161
索　引 —— 173

第 1 章　プロローグ

> 十分に発達したテクノロジーは魔法と区別が
> つかない
> ── アーサー・C・クラーク

2012年6月26日ニューヨーク・タイムズ誌のトップ記事で，膨大な量のグーグルの画像から「ネコ」が認識できるようになったと報道され，話題になった (http://www.nytimes.com/2012/06/26/technology/in-a-big-network-of-computers-evidence-of-machine-learning.html?_r=0)。ディープラーニングが提案され (2012年以降)，圧倒的な性能差で他のアルゴリズムを抑えて大規模画像認識コンテストで優勝して以来，第三次ニューロブームの到来とも言われる。一方CPUパワーの向上と記憶装置の廉価化が進み，膨大なデータをいかにして処理すべきかが問われるようになってきて，ビッグデータサイエンスは衆目を集めるに至った。翻って考えてみるに，ディープラーニングは人間の視覚情報処理過程に学び，性能を向上させてきた。人間は日々大量のデータに曝され，そこから能動的に情報を取捨選択し，意思決定を行っている。この意味では人間はデータマイニングを逐次的に行っている情報処理機械である。こうしてみると，機械学習に対して心理学からどのようなパースペクティブが描けるのか，心理学的知見からどのような示唆が導出できるのかは魅力的なテーマに思える。逆に機械学習，計算論的知能から心理学への逆輸入も，この分野を活性化する一助となるで

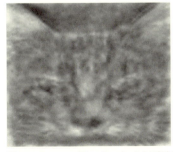

図1・1　ニューヨーク・タイムズ誌にも掲載されたネコ認識ニューロン

あろう．このような動機から，本書は心理学的な見地を踏まえ，ディープラーニング，ビッグデータ，および機械学習の三者を捉え直すことを試みた．

　本書はディープラーニングの一般向け紹介書であり，ディープラーニングを構成する制限ボルツマンマシン（5・1節），畳み込みネットワーク（5・4節），ドロップアウト（5・5節）などを紹介する．数学的には完全に見えた3層パーセプトロン（3・2節）ではなく，なぜ深い（ディープ）ネットワークによる学習が必要なのだろうか．答えはおそらく，脳がそうやっているからやってみたら上手くいく方法が見つかったというところかと思う．もう少し詳しい議論は本論で展開する．ビッグデータを扱った章においてはフェイスブックやアマゾンの釣り広告の計算手法である特異値分解や潜在意味分析をいかに少ないメモリで答えを出すかに力点を置いて解説した．

1・1　ディープラーニング，ビッグデータ，および機械学習

　ディープラーニングとビッグデータと機械学習との三者関係を取り上げることを疑問に思う向きもいると想像する．単に流行だからという理由もあるが，2014年9月16日にスタンフォード大学で「ディープラーニング —— ビッグデータからの知能」と題するシンポジウムが開催された．ディープラーニングは人間の脳に触発された機械学習の一種であり，ビッグデータに実質的な意味付けを与える役割を担っている．シンポジウムの詳細はYouTubeでも公開されている（https://www.youtube.com/watch?v=F3v0nTTs7O0）．シンポジウムのパネリストは大規模画像チャレンジの2013年優勝チームClarifaiのメンバーの一人でもある．

　Clarifaiはディープラーニングと畳み込みネットワークを用いた．この動画中にも出てくるが，ニューラルネットワークの魅力はその単純さにある．我々の心的活動はすべからく脳内の電気的，あるいは化学的変化として記述可能であるという還元主義がその根底にある．このような信念に基づく単純な動作原理から我々の心，精神，知性，意志，など複雑な心的現

象が現出すると考える。この単純な原理は解明可能であるという楽観論とも言える。人間が自己の知性を自ら解明できるのかを疑問に思って悩まないという単純さでもある。この単純さに基づいて，生体が行っている情報処理を観察し，学び，性能の良い人工知能を作る試みがなされてきた。人工知能，機械学習，ニューラルネットワークおよび関連分野の研究者は，この単純さを約束された道だと考えているのだろう。

なぜディープラーニングが必要なのか

人間の脳が，単純な入出力関係だけであったのなら，我々の人生は貧相なものになっていただろう。そもそも現在のような文明を開花させていなかった。後頭葉にある第一次視覚野が第一次運動野と直接結合を有していたのなら，話は単純であった。ところが，生理学的事実として，第一次視覚野や第一聴覚野と大脳皮質の最終的入出力に対応する第一次感覚野には，互いに直接結合が存在しない。我々の人生，文明が多様で豊かなのは，ひとえに脳が単純な入出力の変換器ではないからであろう。

ビッグデータと心理学に何の関係があるのか

ビッグデータを心理学的側面から語るとき，2つの注意点を考慮する必要がある。一つはロナルド・フィッシャー卿の開発した統計的検定理論への影響であり，もう一つはビッグデータ解析で用いられている手法の心理学的意味付けである。ディープラーニングとビッグデータとは相性が良い。ディープラーニングがラベル付けされていないデータから教師なし学習（unsupervised learning）を行うからである。教師あり学習を行う他の機械学習手法と比較すると，全データをラベル付けする手間が不要であることはビッグデータに対して有利に働く。

なぜ機械学習なのか

機械学習とは，ニューラルネットワークを含む広義の学習機械やアルゴリズム一般を指す。古典的には回帰，分類，近似を得意とする。時系列予測や画像認識，音声認識，自動翻訳やテキストマイニングなどの文書処理

に適応可能な分野は拡大した。この応用可能性から実用的な人工知能の一実現とも考えられている。

ディープラーニングはステートオブジアーツ（state-of-the-arts）なアルゴリズムである。実際，大規模画像認識コンテスト（ILSVRC）ではそれまでの代表的なアルゴリズムであったサポートベクターマシンを抑えて，2012年以来3連覇中である。

最近では，ニューラルネットワークと言わずに，機械学習あるいは計算論的知能という言い方をするようになった。そのような名前になった経緯も紹介してみたい。事実，世界最大の学会組織である米国 The Institute of Electrical and Electronics Engineers（IEEE：アイトリプルイーは電気電子工学関連分野の学術団体だが，1999年日本カウンシルにおいて IEEE と表記し，和訳しないことが決定された）の組織であるニューラルネットワークソサイエティは，計算論的知能ソサイエティ（コンピュテーショナルインテリジェンス Computational Intelligence Society）と名称を変更した（2003年）。端的に言えば，人間の脳を模したニューラルネットワークの性能を凌駕するアルゴリズムサポートベクターマシンが提案されたからである。エンジニアの感覚では，性能が本質なのであって，そのアルゴリズムが依って立つ理論が人間由来か，そうでないかは重要ではない。それゆえニューラルネットワーク研究は廃れ，多くの研究者が機械学習あるいは計算論的知能へと転居した。言うまでもなく，脳の情報処理の基本単位である神経細胞の動作速度は，現在のコンピュータの処理速度と比べれば遥かに遅い。単純な比較には意味がないが，昨今のパーソナルコンピュータに搭載されている中央演算装置の処理速度はギガヘルツ（1秒間に10億回）の単位である。一方，ニューロンの発火頻度は1秒間に100回を上回る程度であるから，1千万倍の差があることになる。高速に動作するコンピュータを駆使して，人間の知能以上の性能を発揮するロボットを開発することの方がむしろ夢がある。かくしてロボット研究者は，鉄腕アトムを作ろうと夢み，そのアトムの知能は壊れやすいタンパク質を基礎とした神経細胞に縛られる必要はない。このような理由から，ニューラルネットワークは顧みられなくなった。

流行歌とは理由が異なるが，学問の世界にも流行やブームが存在する。流行っては廃れ，また新しいものが流行るということを繰り返している。例を挙げればキリがない。ウェーブレット，カオス，カタストロフィー，クラウドコンピューティング，スモールワールド・ネットワーク，データマイニング，ファジィ，フラクタル幾何学，人工生命，独立成分分析，群知能，複雑系，進化論的計算，遺伝的アルゴリズム，などである。列挙した例は馴染みのない例も含まれているかも知れない。しかし，いずれもブームとなり，書店に平積みされていたテーマである。ところが，そのほとんどは数年内に一般読者からは見向きもされなくなっていく。ディープラーニング，ビッグデータ，機械学習を例外扱いする理由はない。おそらくオイシイ思いをしている輩がいる。そいつらがブームの仕掛け人であろう。グーグル，アマゾン，フェイスブック，ツィッターが大衆を煽って騒ぎ立てる。消費者はハウツー本を買わされて流行に乗り遅れまいとするが，やがて飽きてブームは終わる。ところがハウツー本にはどうすれば上手くいくのかという肝心のところが書かれていない。一般向け，あるいは初学者向けの書籍では，詳しくなりすぎるからという理由で書かれていない。派手な成功事例が記事となる。しかし，成功事例に使われた真のノウハウや，コアとなる技術は研究者でもない限り（研究者であっても現象の再現実験をするなどして本当の理由を考えなければ）読んだだけでは分からない。過激に言えば，昨今巷に溢れるディープラーニング，ビッグデータ，機械学習関連の技術解説書，ヨイショ記事は，グーグル，アマゾン，フェイスブック，およびツィッターなどのステルスマーケティングである。実際ディープラーニングの提唱者であるヒントンはトロント大学の教授であるが，グーグルのパートタイマーも兼務している。結局この手の啓蒙書を買わされた読者が洗脳されて終わる。

　その後，ブームの仕掛け人は一抜けする。二番煎じ以降に対してうま味がないのは，ねずみ講と同じである。ブームは先手必勝，勝者占有は世の常である。時流に乗れば，二番煎じ以降もマーケットが広がるのでオイシイ思いはするが，言い出しっぺほど大成功は望めない。本書そのものが二番煎じだろうという読者の指摘は正しい。しかし類書がないことも確かで

ある．日本においては，なぜか心理学者がディープラーニングについて語りたがらない．そんなわけで筆をとってみることにした．

　テレビ番組に出演する歌手や芸能人，あるいは，社会思想にも流行がある．科学にも流行はあるのだが，時代の流れから必然的に要請されてある分野の研究が活発になっているという側面もある．科学における流行には正当な理由があり，悪意とは無関係なのだが，それでもディープラーニング，ビッグデータには利権が絡む．グーグルはユーザを無料でデータを提供してくれるものとして扱っているし，フェイスブックでの個人情報は，ザッカーバーグにとっては宝の山である．

　だから，流行に流される前に本質を見極めておきたい．そのために本書では，ディープラーニングで使われている手法の概略を記述した．事実を知ることは本質を見抜くために必要な知識となるだろう．ディープラーニング，ビッグデータの限界を把握しやすいように配慮した．たかが「ネコ」を認識するだけのディープラーニングやビッグデータでも新しい予測をするためには，人手によってチューニングする余地が残されている．予測の精度は，この職人的なチューニングに依存する．

1・2　本書の想定する読者

　本書は人工知能，機械学習の基礎と応用に関心を持つ大学生以上の一般向けの案内書である．理系文系の区別は考えなくともよいように記述した．本来ディープラーニングは心理学，特に視覚情報処理に基礎を置く技術が用いられているからである．したがって本書では，そのような心理学的背景との関係について話題を提供し，筆者の立場を記した．

　特別な数学的知識は必要としない．文系読者でも，社会調査などに関心があり，実際にどういう手法が用いられているのかに興味がある読者であれば，独力で読み進められるように配慮した．「最近気になっている隣の芝生は本当に青いのか」という，素朴な疑問に答えることが本書の目的である．背景となる数学は付録Cに記した．

本書は守一雄先生のご著書（守, 1996）の続編とも言うべき性質を持つ。守先生がこの本を上梓なさって以来，時代は様変わりした。その経緯や背景を含めて紹介する意味を込めて第2巻とするか，『やさしいディープラーニングの話』としてもよかったのだが，やさしさを優先するあまりディープラーニングがディープである理由までがディープではなくなりそうなので，避けることにした。記述が曖昧になったり，意味を十分に把握できなくなることを怖れたからである。加えて，守先生ご自身が研究テーマを移られたという経緯もある。そこで，先人の牽いてくれた伝統に則るより，異なる体裁をとる方が良いと判断した。

1・3　本書の構成と特徴

　本書は百科事典のような独立して拾い読みできるような構成にはなっていない。だが，ディープラーニング（第5章）とビッグデータ（第6章）を扱った章は，比較的独立に読むことができる。その他の章は時間順序に従って配置した。ディープラーニングの衝撃，ディープインパクトの結果，心理学が前後でどのように変化したかを記した章をディープラーニングの前後に配した。その後ビッグデータの心理学的な意味付けに触れ，最後に現時点で描きうる展望を置いた。

　今やディープラーニングは流行どころかパンデミックである。今後，類書が数多出版されることは想像に難くない。どのような立場に依拠するのであれ，脳の情報処理の仕組みを知りたいという動機は，生理学，薬理学，神経科学，機能的脳画像，生命科学，情報科学と共通する。学問領域の垣根など，どうでもよい。真実はどこにあるのかに興味がある。そのためには窮屈な垣根は取っ払いたい。眼下の関心はディープラーニング，ビッグデータが一過性の流行り，時代の徒花なのか，それとも深遠な摂理を垣間見る鍵なのかを見極めることであろう。その判断を下すにはなお時間が必要であると思われるが，判断を下すための材料を提供することは価値があると考えた。加えてニューラルネットワーク研究が心理学に与える影響

と，逆に心理学的事実が機械学習などの工学系の研究に与える影響とを考慮し，ディープラーニングに関する理解を促す必要があると考えた。そこでディープラーニングを概説し，心理学にどのような貢献が考えられるのかについても考察を加えた。

第2章 第三次ニューロブーム前

> 賢明なる創造主の仕事は完璧である。
> 最大または最小の原理の存在しない宇宙は存在しない。
> —— レオンハルト・オイラー

　ここではニューラルネットワークの歴史を，創造主と3人のメシア（救世主）を巡る動きとして紹介する。創造主とは，ウォーレン・マッカロックとワルイダー・ピッツ（McCulloch & Pitts, 1943）であり，メシアとは，歴史順にフランク・ローゼンブラット（Rosenblatt, 1958），ディビッド・ラメルハート（Rumelhart & Zipser, 1985），ジェフェリー・ヒントン（Hinton, Osindero, & Teh, 2006; Hinton & Salakhutdinov, 2006）である。

　脳の情報処理の最小単位である神経細胞（ニューロン neuron）はスパイク電位（spike potential）と呼ばれる電気信号を授受して情報を交換している。ニューロンを数学モデルとして記述しようとする試みは前世紀初頭から存在する。おそらく最古のモデルはラピッチ（Lapicque, 1907）にまで遡ることができる（Abbott, 1999）。しかし，ここではこれを先史時代として扱い，深入りしない。

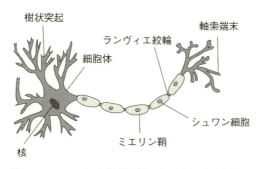

図2・1　ニューロンの模式図（ウィキペディアを改変）

ニューロンを簡略化すれば，入力部，出力部，および中心にあって処理を行う部分の3つに区別できる。形状はさまざまだが，入力部分はギリシャ語で「木」を意味する樹状突起（dendrite），中心部である細胞体（soma），および，出力部分である軸索（axon）である（図2・1）。

2・1　形式ニューロンのモデル

　任意の時間窓を区切ってニューロンのスパイク数を数え上げることを想定する。スパイク電位は，ニューロンの内外を隔てる細胞膜上に存在するイオンポンプを通して，特定の電荷を帯びた分子が通過することによって生じる。そして，一度スパイク電位を発すると再び電位変化を起こすまでに時間を要する不応期が存在する。この生理学的な制約によって，スパイク頻度には上限がある（120Hzから200Hz程度）。一方，スパイク頻度の下限はゼロではない。これは生体の持つゆらぎと考えられ，外部からの刺激がなくとも自発的に発火する場合がある。しかし，これらの上下限を設定すれば，実質的に0と1の間の発火確率と見なしてよい。マッカロックとピッツは，これを単純化し，発火頻度の高い状態と低い状態の2値をとる単純な論理素子と考えた。最も単純で最小な情報の処理単位と見なしたことになる。このようにニューロンが発火するかしないかという状態によって情報が符号化され，処理されるものと考えた。各個のニューロンをモデル化する場合もあれば，ニューロン集団の振る舞いをモデル化する場合もある。個々のニューロンの振る舞いを抽象化した情報処理の単位を扱うため，ニューラルネットワークモデルにおいては，ニューロンという用語を用いるより，ユニット（単位）と表現される場合が多い。本書でもこの習慣に従い，ニューラルネットワークモデルは脳の情報処理の最小単位である神経細胞ニューロンを模した基本単位で構成されていると仮定する。

　ニューラルネットワークの構成をトポロジー（Topology）あるいはアーキテクチャ（Architecture）という。トポロジーは数学の一分野である位相幾何学の意味ではない。ネットワークが多層に分かれているか，フィー

図2・2 ウォーレン・ストロギス・マッカロック(左)とワルター・ピッツ(右)の肖像

ドバック結合があるか，などのニューラルネットワークの構成をトポロジーと呼んだり，アーキテクチャと呼んだりする．ニューラルネットワークモデルに対して明示的な答えが提示されるモデルを教師あり学習（supervised learning）と呼び，そのような答えが与えられない場合を教師なし学習あるいは独自学習（self-taught learning）と呼ぶ．ディープラーニングは教師あり学習と教師なし学習との両側面を持っている．

ニューラルネットワークの起源元年は，マッカロックとピッツによる形式ニューロンの提案に始まる．形式ニューロンは，シナプス結合荷重ベクトルと出力を決定するための伝達関数とで構成され，次式（2・1）で表現される．

$$y_i = \phi\left(\sum_j w_{ij} x_j\right) \tag{2.1}$$

ここで y_i は i 番目のニューロンの出力，x_j は j 番目のニューロンの出力，w_{ij} はニューロン i と j との間のシナプス結合荷重である．ϕ は活性化関数と呼ばれる．活性化関数 ϕ はどのようなものでも許されるが，最も単純な関数は何もしないものである．すなわちカッコ内の総和（Σ）の結果をそのまま出力とする．この場合を線形出力関数と言う．次に簡単な活性化関数は，カッコ内の総和が負であれば0を出力し，そうでなければ1を出力する関数である．これをステップ関数と呼ぶ．ステップ関数は真か

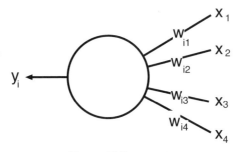

図2・3　形式ニューロン

図2・4　アラン・チューリングの肖像

偽かを表す論理関数と見なすこともできる。したがって，これを形式化されたニューロンとし，マッカロックとピッツは形式ニューロンと呼んだ。このように，ニューロンの発火頻度やタイミングを無視して形式化すると，真か偽か，0か1か，有か無か，是か非か，イエスかノーか，を表す論理回路と等価である。勃興しつつあった電子工学におけるトランジスタ（時代的にはトランジスタ以前の真空管やリレー回路だったはずだが）を使った論理回路と同じ言葉で表現できる道が開けたことを意味する。すなわち計算機に計算可能な計算は，同じ論理回路で構成される脳にも当てはまるはずだと考える。すると，計算可能性の概念が脳にも適用可能であると考えられた（Turing, 1950）。このようにして，ニューラルネットワークの歴史は始まった。

　電子論理回路と同じくして論理回路を設計できることが可能となったが，コンピュータと決定的に異なるのは，ニューラルネットワークにおける論理回路では，エンジニアが描いた設計図が存在しないことである。すなわち，自動的に学習させる仕組みが必要であり，その動作原理が分かれば知識を自動的に獲得するニューラルネットワークを構成することが可能となる。これを実現したのが最初のメシア，ローゼンブラット

（Rosenblatt, 1958）であり，パーセプトロン（perceptron）と呼ばれる情報処理モデルであった。1958年のことである。

ところが1962年に人工知能（Aritificial Intelligence: AI）の父と呼ばれるミンスキーと同僚のパパートによる著作（Minsky & Papert, 1988）によってパーセプトロンの限界が指摘され，第一次ニューロブームは終焉した。極端に単純化して記述すると，パーセプトロンは線形分離不可能な問題を解くことができない。線形分離とは，1本の直線で是か非か，白か黒か，区別できるか否かという意味である。線形分離不能な問題に対しては，永遠に答えに辿りつけないことが明らかとなった。

図2・5 フランク・ローゼンブラットの肖像

ミンスキーらの指導により記号主義的人工知能の時代となった。スローガン的に言うのであれば，コンピュータの高級言語によって記述されるAIに対して，生体の行う情報処理に基づく情報処理に基礎を置く立場をニューラルネットワークと呼んできたが，BI（生物学的知能 Biologoical

図2・6 マーヴィン・ミンスキーの肖像

Intelligence）と呼んでよいかも知れない。さらに，両者を統合して計算として統一の記述をまとめ上げる立場をCI（計算論的知能 Computational Intelligence）と呼ぶと考えると，時代はAIからBIを経てCIに至る経過を辿ってきたと言える。ともあれ，記号主義的，古典的人工知能研究は1980年以降も続けられている。

2人目のメシアが現れたのが1986年である。ラメルハート，マクレランド，ヒントンらによって中間層以降を学習させるバックプロパゲーション（誤差逆伝播法 back propagation algorithm）が開発された（Rumelhart,

図2·7 ディビッド・ラメルハート(左),ジェイ・マクレランド(右)の肖像

Hinton, & Williams, 1986; Rumelhart & Zipser, 1985)。再び単純化して記述すると,パーセプトロンの解けなかった線形分離不能な問題をバックプロパゲーションは解くことができる。線形分離不能な問題を解くためには,中間層が存在すればよい。そして中間層を学習させる規則が見出されたということである。歴史を丁寧に紐解けば,ローゼンブラット自身によって中間層を学習させるアイデアは提出されていたし,甘利先生もアイデアは早くから提出していた。だが,時流に乗れたのはラメルハートたちだった。

　中間層を設定できるということは,心理学的あるいは哲学的な意味を持つ。外部からは直接観測不能な内部表象を表現できるようになったからである。バックプロパゲーションが学習によって獲得した内部表象が人間の脳が実現している内部表象と同じだと主張するのは傲慢であるにしても,長い間哲学的な思索の対象でしかなかった脳内表象を数値として表現可能であることの意味は大きい。加えて,実際にコンピュータプログラムとして動作し,検証可能であることの意義は計り知れない。知的な振る舞いを考える場合に,内部表象の問題は避けては通れないからである。つまり,ミンスキーらが指摘した理論的な限界が突破可能であるという実質的な理由に加え,内部表象問題という文系も扱わねばならない問題を数値化して示す手段が見つかったのである。もちろん人工知能でも,知識表現の問題は大きかった。しかしそれは人工知能にとって扱いやすいデータ構造のことであり,その神経学的対応物を問題にする必要はなかった。心理学者と

しては脳を背景としたニューラルネットワークの内部表現の方が受け入れやすく，モデルとして取り入れるための敷居が低かった。

ほぼ同時期にホップフィールドら（Hopfield, 1982; Hopfield & Tank, 1985, 1986）による最適化問題と連想記憶に関連するモデル，コホーネンら（Kohonen, 1985; コホネン 1996/1997）の自己組織化写像アルゴリズムと相まって，第二次ニューロブームが巻き起こった。とりわけラメルハートたちの著書（Rumelhart & McClelland, 1986）は，アメリカ認知科学会によって20世紀を代表する一冊に選ばれた。当時の興奮は，エアコンや洗濯機のような家電製品にまでニューロと名付けられた製品が店頭に並んだことからも推察される。

2・2 ホップフィールドモデル

ホップフィールドモデルは統計力学そのものだと言っても過言ではない。実際彼は物理学者である。良く知られているとおり，物質は原子核と原子核の周りを回る電子とでできている。電子のスピンの方向によって上向き下向きという方向が決まり，スピンの向きがそろっていると磁石になる。スピンの向きをニューラルネットワークのユニットに喩えると，スピンが上向きならば活性，下向きならば不活性と捉える。各スピンは物理的な距離に応じて互いに影響を及ぼし合う。このスピン間に働く作用をユニット間の相互作用，すなわちニューロン間のシナプス結合と同一視する。スピン間に働く相互作用と全体に働く力の関係によって，上上下上上下上上下が安定な場合もあれば，上下上下上下が安定な場合もありうる。スピン系は熱的にエネルギー準位が高ければ，次第にエネルギーが減少する方向へと状態を遷移する。

図2・8 ジョン・ホップフィールドの肖像

多少の熱的な雑音があったとしても，次第に安定状態へと引き込まれる過程を最適化問題を解く過程と見なしたり，ある記憶が想起されたと見なす。ホップフィールドモデルの特徴として，あるユニット（スピン）x と別のユニット（スピン）y との関係が対称であることが挙げられる。これは電子間に働く力が物理的距離の関数として定まり，一方の影響が他方にも同様に作用することと対応している。ユニット間の結合係数が等しい（$w_{xy} = w_{yx}$）ことから，ホップフィールドはこのシステムにエネルギーが定義できることを見出した。後述するボルツマンマシン（Boltzmann Machines）にはこのような対称性の制約は存在しないが，やはり統計力学的な意味でエネルギー関数が定義できる。

2・3 多層パーセプトロン

図 2・9 右を見ると，中間層が 2 層ある。バックプロパゲーションでは出力層の誤差が出力層から逆順に入力層へと降りていく。このとき，特定の出力層ユニットの誤差が層間で拡散してしまうという問題が指摘されていた。いたずらに階層を増やしても，性能が向上しないのである。誤差が拡散しすぎる問題を適切に取り扱えない限り，性能は向上せず，計算量が

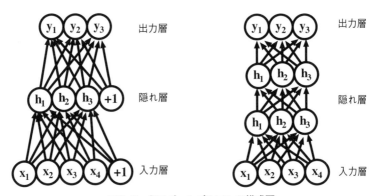

図2・9　多層パーセプトロンの模式図

増大してしまう結果となった。

加えて，1992年ヴァプニック（Boser, Guyon, & Vapnik, 1992; Vapnik, 1995, 1998. ヴァプニックによる原著論文はロシア語であり，1991年の学会報告が最初）によってバックプロパゲーションを凌駕する性能のサポートベクターマシンが提案され，第二次ニューロブームは終焉した。端的に言うとバックプロパゲーションは学習しすぎるという欠点があった。十分な数の中間層ユニットを用意し，学習を繰り返すと過学習 (over learning, over fitting) を起こす。過学習が起きると，学習した事例については正解できるようになるが，未知の刺激に適切に答えることができなくなる。これはパターン認識機として都合が悪い。人間のモデルとしても不都合だ。人間は認識する際に適切な概念化，カテゴリー化を行うことができる。カテゴリー化によって，初めて出会う環境や刺激であっても適切に対処できる。我々の日常生活はどんなに退屈な日々であっても，毎日が少しずつ異なる。少しだけ異なる環境に対して，適切に対処できない学習機械では使いものにならない。過学習を防ぐために，早めに学習を打ち切ったり，大きくなった神経結合を枝刈りしたり，減衰させたりする手法が盛んに研究された。その結果，正則化理論（5・5節参照）を始めとする学習理論を精緻に展開していく研究が進展した。

図2・10 ウラジミール・ナウモビッチ・ヴァプニックの肖像

三たび端的に表現すれば，サポートベクターマシンは適切な学習データに対して適切な境界（マージン）を設定することにより，過学習を防ぐ仕組みが備わっている。逆説的だが，学習理論が深化することによってバックプロパゲーションの限界が明らかにされ，その形式的な議論の枠組みの中から適切なマージンを設定する手法としてサポートベクターマシンが提案されるに至った。多くの研究者は機械学習，計算論的知能に流れた。むしろ学習理論の研究成果として捉えれば，当然の流れである。

2・4 サポートベクターマシン

　以下ではサポートベクターマシンの概説を試みる。正事例と負事例との2群に判別する問題を考える。訓練パターン数が p であるとすると，p 個のデータ点を2群に判別する関数 $D(x)$ を考える。k 番目のデータ x_k が正の事例であれば $y_k = 1$ とし，そうでなければ $y_k = -1$ とする。このとき正事例と負事例の境界付近のデータが最も重要で，そうでないデータは無視してもよい。境界付近のデータのことを判別関数 $D(x)$ をサポートする点（慣例に従ってベクトルと書かずにベクターと表記する）が判別にとって典型的に重要で，非典型的なデータは無視してもよい。3層パーセプトロンの中間層ユニット数，多項式近似における次数，動径基底関数（Chen, Cowan, & Grant, 1991）やガウシアンカーネル法（Anifowose, 2010）におけるカーネルの数など，いずれの法でもモデルのパラメータとデータ数の間にはトレードオフの関係がある。パラメータの数が多ければ当てはまりは良くなる。極端な場合を考えて，パラメータ数とデータ数が等しければ誤差なく近似可能だが，汎化不能になる。一方パラメータ数が少なければ近似できない。この両極端の中間に最適なパラメータ数が存在するはずである。直感的な説明を与えるために簡単な例を挙げる。判別関数が

$$D(x) = w \cdot \varphi(x) + b, \tag{2.2}$$

で与えられるものとする。ここで w と $\varphi(x)$ は N 次元ベクターである。b はバイアスである。ここでデータの個数 N 個だけ判別関数を考えるのであれば，

$$D(x) = \sum_{i}^{N} w_i \cdot \varphi_i(x) + b, \tag{2.3}$$

を考えることになる。φ_i は引数 x をとる予め決められた関数であるが，

w_i と b は推定すべきパラメータである。式(2.3) は N 個のパラメータを推定することになるが，先述した訓練パターン数とパラメータの双対性から

$$D(x) = \sum_{k=1}^{p} \alpha_k K(\boldsymbol{x}_k, \boldsymbol{x}), \tag{2.4}$$

のようなカーネルを導入することと同義である。ここでカーネル K は

$$K(\boldsymbol{x}, \boldsymbol{x}') = \sum_{i} \varphi_i(x) \varphi(\boldsymbol{x}'), \tag{2.5}$$

である。式(2.5) により，式(2.3) と式(2.4) から式(2.3) の w_i は

$$w_i = \sum_{k=1}^{p} \alpha_k \varphi_i(\boldsymbol{x}_k), \tag{2.6}$$

と書ける。w_i をダイレクトパラメータ，α_k を双対パラメータと呼ぶ。さて，2次元の場合を考えれば図2・11 となる。式(2.2) は φ 空間上の超平面と見なすことができる。図2・11 では2次元空間を分割する1本の直線に対応している。平面上の直線は傾き接線と切片で決まるので，図2・11 で

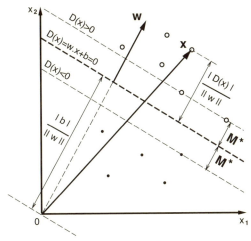

図2・11　サポートベクターマシンの概念図(Boser et al., 1992, 図1 より)

第2章　第三次ニューロブーム前

は w は傾きに対応し，b は切片を意味する。より正確には w は直線の傾きに直交する法線ベクトルに対応する。図中では w は法線ベクトルとして描かれている。図中に白丸で描かれている正事例と黒丸で描かれている負事例とを判別する直線について，切片 b が固定され w だけが変動するものと考えると，直線の傾きが変化するのでマージン（図中の M）の幅が変化する。逆に w を固定して b を変動させると考えれば，判別直線の傾きは変わらずに切片が移動するので判別直線は平行移動する。このように考えれば，マージンを最大にする直線の傾きと切片を探す問題となる。判別関数（または判別超平面）とパターン x との距離は $D(x)/\|w\|$ で与えられる。ここで $\|w\|$ は w のノルムである。したがってマージン M の定義は次の不等式で表される。

$$y_k \frac{D(\boldsymbol{x}_k)}{\|\boldsymbol{w}\|} \geq M, \tag{2.7}$$

y_k を掛けているのは，すべての場合で正の値にするためである（yk は ＋1 か −1 しかとらないことに注意）。法線ベクトルは判別関数の傾きを与えるだけなので，ベクトルの方向が決まればよいのでノルムが1という制約をつける必要がある。以上より p 個のラグランジェ乗数 $\alpha \in \mathbb{R}^p$ を用いたラグランジェ関数（Lagrangian）

$$L(\boldsymbol{w}, b, \boldsymbol{\alpha}) = \frac{1}{2}\|\boldsymbol{w}\|^2 - \sum_{k=1}^{p}[y_k D(\boldsymbol{x}_k) - 1], \tag{2.8}$$

を得る。このラグランジェ関数を w で微分して 0 と置けば w の推定値

$$\boldsymbol{w}^* = \sum_{k=1}^{p} \alpha_k^* y_k \varphi_k, \tag{2.9}$$

を得る。b を求めるには α と b からなる別のラグランジェ関数を定義して，同様に b に関して微分して 0 と置いて解くことにより推定値 b^* を得ることができる。詳細は省略する。行動科学においては判別関数は原点を通過するものと天下り式に仮定されることが多い。判別関数が原点を通ること

が保証されるなら上述の説明だけで完全なサポートベクターマシンの説明になる。

> ラグランジェの未定乗数法とは制約付き最適解を求める方法の一つである。最少化(あるいは最大化)すべき目標関数に対して，新たな未知パラメータを乗じた制約項を導入し，関連する項について個別に微分する。微分した各項を連立させて解くことで，制約付き解を求める。

2・5 多層化へ

前述のとおり，標準的なバックプロパゲーションでは多層化しても性能が向上するとは限らない。この問題を解決するために，どのように多層化すればより良いパターン識別機が構成できるのか，という問題として設定し直す研究が模索された。これに対して，事前学習によって多層化するというアイデアが発表されたのが2006年である (Hinton et al., 2006; Hinton & Salakhutdinov, 2006)。この年をもって第三次ニューロブームの始まりと捉える。これがディープラーニングである。2012年になっていくつかのコンテストで他のアルゴリズムを圧倒する性能で優勝したディープラーニングはマスメディアに熱狂をもって迎えられ，一躍時代の寵児となった感がある。大規模視覚認識チャレンジ (Large Scale Visual Recognition Challenge: LSVRC2012, 2013, 2014) では，ディープラーニングが優勝した (http://www.image-net.org/challenges/LSVRC/)。毎年少しずつルールが変わるが，分類課題における優勝チームは2012年がSuperVision，2013年がClarifai，2014年がGoogLeNet

図2・12 ジェフェリー・ヒントンの肖像

であった．いずれも畳み込みネットワークを用いたディープラーニングであった．機械学習関係の国際会議（ICML: 機械学習，ACL: 自然言語処理，CVPR: 画像処理）では相次いでチュートリアルやシンポジウムが開催され，活況を呈している．LSVRC2014の結果についてはニューヨーク・タイムズが報じている（http://bits.blogs.nytimes.com/2014/08/18/computer-eyesight-gets-a-lot-more-accurate/?_php=true&_type=blogs&_r=0）．制限ボルツマンマシン（Hinton et al., 2006; Hinton & Salakhutdinov, 2006）以降を第三次ニューロブームと呼んでよい．本節では，意図的にもう一人の主人公ドナルド・

大規模画像認識チャレンジ (ILSVRC)
各年度の分類課題の上位チームとその成績

2014年度

順位	チーム名	誤差
1	GoogLeNet	0.06656
2	VGG	0.07337
5	MSRA Visual Computing	0.0806

2013年度

順位	チーム名	誤差
1	Clarifai	0.11197
2	Clarifai	0.11537
3	Clarifai	0.11734

2012年度

順位	チーム名	誤差
1	SuperVision	0.15315
2	SuperVision	0.16422
3	ISI	0.26172

ヘッブに触れなかった。ヘッブの貢献についてはビッグデータに触れる際に取り上げる（第6章）。

2・6 たかがネコでなぜそんなに騒ぐのか？

　最近のディープラーニングの流行には目を見張るものがある。しかし，冷静になって考えてみれば，たかがネコを認識できるようになっただけである。ネコ1匹認識するだけなら，人間の幼児にだってできる。視覚情報処理の専門家でもなければ，何がスゴイのか理解できないだろう。ネコが認識されたくらいで驚くことなのか，と言いたくなる。しかし，ネコを認識するためには，膨大な計算と知識が必要であることが分かっていた。視覚情報処理に高度な知的情報処理が必要なことを知らしめたのは，ディビッド・マー（Marr, 1982）の功績である。カメラに写った画像の中から特定の物体を認識するためには多くの計算が必要である。たとえば図2・13左のような画像を見れば，ネコであることは容易に判断できる。ところがこの画像を機械学習のためにコンピュータに入力すると，図2・13右のような行列として与えられる。この行列は左の画像のごく一部だけを表したものである。画像の解像度が上がれば，行列の次数（行と列の数）は大きくなる。行列の次数に制限はないので，どのような次数の行列でも認

```
210  201  212  199  213  215  195  178
189  190  221  209  205  191  167  147
126  140  188  176  165  152  140  170
103  115  154  143  142  149  153  173
112  106  131  122  138  152  147  128
 95   79  104  105  124  129  113  107
 71   69   98   89   92   98   95   89
 56   68   99   63   45   60   82   58
 43   69   75   56   41   51   73   55
 50   57   69   75   73   74   74   53
 59   53   66   84   92   84   74   57
```

図2・13　ネコの画像とその数値データ
人間にとっては上の画像はネコに見えるが，機械には下のように各画素ごとの強度として数値が与えられる。（ILSVC2014の画像より）

識できなければならない。また内部に写っている画像中の対象物も拡大縮小する。陰影も異なり，距離，大きさ，色，遮蔽物の有無，背景も異なるのが一般的な画像であるから，どのような次数の入力行列でも，どのような条件でも，ネコはネコと分類されなければならない。ここに画像認識の難しさがある。一般に錯視図形やだまし絵，フィッシャーの不可能図形のような不思議な画像に興味を持たれることが多いと想像する。しかし，そのような視覚のトリックも興味深い研究テーマであるものの，日常的な視覚が成立することそのものに，高度な情報処理が必要とされる。このことは強調されなければならないし，今でも視覚情報処理は多くの研究者を惹きつける興味深い研究分野である。

なお，話は視覚に限らないことは付言しておく価値がある。視覚以外の五感，聴覚，触覚，味覚，嗅覚はすべからく複雑な情報処理を必要とする。どれも簡単にロボットで実現できない。さらに，体性感覚，運動制御に至っては何が不思議なのかと訝る向きもあろう。だが，某自動車メーカーがロボットを二足歩行させただけで拍手喝采であったように，運動制御は複雑な問題である。

> 運動制御は多自由度問題であり，可能な運動軌道に対して稼働可能な関節が多いので，制約なしでは多数の解が存在する。ところが人間は手足を動かすときに，どの関節をどの程度動かすかで迷うことはほとんどない。むしろ，生後1年程度で二足歩行できる人間の方が圧倒的に驚異的で神秘的なのだが，問題の複雑さはロボットに実現させてみなければ理解されなかった。

五感や運動制御が複雑な計算を要するとすれば，社会的行動などの複雑な行為などは絶望的だ。「その場の空気を読む」など，筆者が最も苦手とするようなこの社会で生きていくために必要な行為も，どう扱うかなどは人工知能や機械学習は白旗を掲げざるを得ない。

第3章 巨人の肩

> 一旦機械が思考するようになってしまったら，我々の貧弱な知力を凌駕するのに長くはかからないだろう。
>
> —— アラン・チューリング

　巨人の肩と言っても，某プロ野球チームの豪速球投手の意味ではない。先人が到達した成果である。ディープラーニングによって多層化したニューラルネットワークが耳目を集めたが，多層化のアイデアは以前から存在した。ディープラーニングの本質を理解し，何が新しいのかを判断する材料としてディープラーニング以前の多層化したニューラルネットワークを検討しておくことは意味がある。本章では，その代表であるネオコグニトロン（Neocognitron）を紹介し，さらに3層パーセプトロンの関数近似機としての完全性について触れる。これらを把握することで，多層化の本質を考える材料を提供することを意図した。

3・1　直系尊属ネオコグニトロン

　ディープラーニングがディープと呼ばれるのは，多層化したニューラルネットワークだからである。多層ニューラルネットワークの先駆けとして福島（Fukushima, 1980; 福島, 1983; Fukushima & Miyake, 1982）のネオコグニトロン（Neocognitron）がある。ネオコグニトロンは，(1) 教師なし学習により自己組織化され，(2) 位置，形状の変形，大きさに不変な特徴を認識できる，(3) 多層化された，(4) ヒューベルとウィーゼル（Hubel & Wiesel, 1962）の発見した視覚情報処理における受容野の概念に基づく，(5) 階層型ニューラルネットワークモデルである。これらは，後述する

ディープラーニング（第5章）の持つ特徴でもある。後述するディープラーニングが畳み込みネットワークによって位置不変な特徴量を抽出していることと対応する。ローゼンブラットのパーセプトロンがパーセプト（percept 知覚する）機械であったのに対して，ネオコグニトロンは認識する（cognize）機械であることを目指している。1975年に発表されたコグニトロンの拡張版がネオコグニトロンである。入力層は U_0 であり，以下 $U_{S1}, U_{C1}, \cdots, U_{SN}, U_{SC}$ と S 層と C 層とが繰り返し現れる。各層は細胞平面（cell plane）を構成する。S 層の各ユニットは同一特徴を検出し，位置情報のみが異なる k 個のモジュールからなる S 細胞が1つのユニット平面を構成する。ネオコグニトロンに3種類の細胞がある。すなわち，(1) 特徴を検出する S 細胞（単純細胞 simple cells），(2) 抑制性信号である V 細胞，(3) 特徴の不変量を認識する C 細胞（複雑細胞 complex cells，超複雑細胞 hypercomplex cells）である。k_l 番目の S 細胞平面の位置 n における出力 u_l は以下の式(3.1)で記述される。

$$u_{Sl}(k_l, n) = r_l \cdot f\left(\frac{1 + \sum_{k_{l-1}}^{K_{l-1}} \sum_{v \in S_l} a_l(k_{l-1}, v, k_l) \cdot u_{Cl-1}(k_{l-1}, n+v)}{1 + \frac{2r_l}{1+r_l} \cdot b_l(k_l) \cdot v_{Cl-1}(n)} - 1 \right)$$

(3.1)

ここで $f(x)$ は出力関数であり，x が正ならその値を出力し，x が負であれば 0 を出力する（$f(x) = max(0, x)$）。すなわち後述の整流線形ユニット（Nair & Hinton, 2010）（5・8・1節）と正確に同じである（図5・20参照）。r_l はモジュール l（特徴）に関する正の係数であり，l の関与が大きければ大きな値をとる。$a_l(k_{l-1}, v, k_l)$ は興奮性の，$b_l(k_l)$ は抑制性の結合係数を表す。a_l も b_l も位置不変であるため，位置情報 n を引数として含まない。つまり，式(3.1)を簡単に読んでしまうと

$$u_{Sl}(k_l, n) = r_l \, f\left(\frac{1+興奮性信号}{1+抑制性信号} - 1\right) \tag{3.2}$$

である．この式の分母が 1 + 抑制性信号の形となっているのは，抑制性信号が 0 なら分母が 0 となって計算不能となることを避けるためであろう．分母に 1 を足したのだからバランス上，分子にも 1 を加えなければならない．そうすると分母の興奮性信号も分子の抑制性信号も共に 0 に出会った場合，式 (3.1) の関数 f 内の第一項は $(1/1) = 1$ となってしまい，正の値に成長してしまうので，最後に 1 を引いて，何もなければ何も起こらないことを実現している．$u_{Cl-1}(n)$ は細胞間の抑制性の結合係数である．ここで $c_{1-1}(v)$ は，学習を通じて変更されない $|v|$ の単調減少関数である．s_l

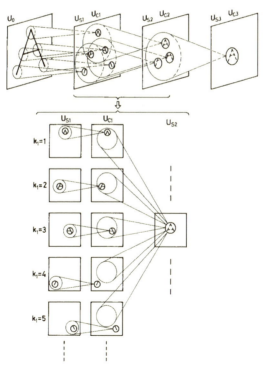

図3・1 ネオコグニトロンの概念図（Fukushima, 1980, 図5より）

の範囲，すなわち受容野の大きさは，上位層ほど大きくする。

一方 C 細胞平面の出力は式 (3.3) で表される。

$$u_{Cl}(k_l, n) = g\left(\frac{1 + \sum_{v \in D_l} d_l(v) \cdot u_{Sl}(k_l, n+v)}{1 + v_{Sl}(n)} - 1\right) \quad (3.3)$$

ここで出力関数は $g(x) = x/(\alpha + x)$ である。すなわち g は $0 < x \ll \alpha$ のとき $1/\alpha$ に近づき，反対に $x > \alpha$ であれば 1 に漸近する。式 (3.3) の出力関数 g の内部も式 (3.1) も分母と分子にそれぞれ 1 を足し，最後に 1 を引く形をとっている。式 (3.3) のカッコ内の分子 u_{Sl} は興奮性の入力であり，分母の v_{Sl} は抑制性の結合である。したがって式の形式としては (3.3) と (3.1) に本質的な差はない。両式からネオコグニトロンでは，興奮性全入力と抑制性の入力の比を問題としていたことが分かる。現在風の定式化では，関数 f および g で採用された興奮性入力と抑制性入力の比をとるのではなく，全入力を結合係数が負ならば抑制，正なら興奮として総和することが行われる。このように定式化しても，ネオコグニトロンは動作するのではないかと推察する。

v 細胞は側抑制であり，式 (3.4)

$$v_{Sl}(n) = \frac{1}{K_l} \sum_{K_l=1}^{K_l} \sum_{v \in D_l} d_l(v) \cdot u_{Sl}(k_l, n+v) \quad (3.4)$$

である。ここで $d_l(v)$ も $c_{l-1}(v)$ と同じく学習を通じて変更されない $|v|$ の単調減少関数である。自己組織化写像を担う a_l の更新式は $\Delta a_l(k_{l-1}, v, k_l) = q_l \cdot c_{l-1}(v) \cdot u_{Cl-1}(k_{l-1}, n+v)$ であり，b_l の更新式は $\Delta b_l(k_l) = (q_l/2) \cdot v_{Cl-1}(n)$ である。ここで q_1 は自己組織化写像の速度を決める正の定数である。自己組織化写像が適切になされたと考えれば図 3・1 は伏魔殿モデル（4・1 節，図 4・1）である。ネオコグニトロンの概念図（図 3・

1) とマックスプーリングの概念図 (図 5・8) とは酷似する。ネオコグニトロンの行う演算は畳み込みネットワークであり、構造はディープラーニングである。相違を対比するため式 (3.1), (3.3) および (3.4) を示したが、ネオコグニトロンとディープラーニングの計算論的目標は同一である。コグニトロンから数えれば 40 年が経過している。何が変わって、何が変わっていないのかを問うてみる価値はある。なお、最近のネオコグニトロンでは、勝者殺敗 (winner-kill-loser) 則、顕在時追加 (add-if-salient) 則を用いて適応的にニューロンを増減し、認識時には、ベクトル内挿 (interpolating-vector) を用いるなどして精度の向上が図られている (Fukushima, 2013)。

3・2　3層パーセプトロンの近似定理

本節は船橋 (2000) に依った。$\sigma(x)$ を定数でない有界、単調増加連続関数とする（一般にはシグモイド関数と考えてよい）。K を n 次元ユークリッド空間 $\mathbb{R}^n$ 内の有界閉集合、$f(x_1, x_2, ..., x_n)$ を K 上の連続関数とする。このとき任意の $\epsilon > 0$ に対して次式 (3.5) が成り立つ。

$$\max \left| f(x_1, x_2, \ldots, x_n) - \sum_{i=1}^{N} c_i \sigma \left(\sum_{j=1}^{N} w_{ij} x_j - \theta_i \right) \right| < \epsilon .$$

(3.5)

ここで N は任意の自然数、c_i, $\theta_i (i = 1, ..., N)$ および $w_{ij} (i = 1, ..., N; j = 1, ..., n)$ は定数である。すなわち n 個の入力ユニット、m 個の出力ユニットに対して中間層の出力関数 $\sigma(x)$ である 3 層パーセプトロンの入出力写像で K 上で任意の精度で一様に近似できる関数が存在する。あるいは、$\sigma(x)$ を $\sigma(\mathbb{R}) = (0, 1)$ なる有界、狭義単調増加連続関数とすれば、有界閉集合 $K \subset \mathbb{R}^n$ からの任意の連続写像 $f: K \to (0,1)^m$ は、n 個の入力ユニットから m 個の出力ユニットとした場合中間層の出力を $\sigma(x)$ とする 3

層パーセプトロンによって，任意の精度で近似できる．

$\sigma(x)$ を定数でない有界な m 階連続可微分な関数とする．K を $\mathbb{R}_n$ の有界集合，$f(x_1, x_2, ..., x_n)$ を K の近傍で定義された m 階連続可微分な関数とする．このとき任意の $\epsilon > 0$ に対して，ある自然数 N と定数 $c_i, \theta_i (i = 1, ..., N), W_{ij} (i = 1, ..., N; j = 1, ..., n)$ が存在し，

$$\tilde{f}(x_1, x_2, \ldots, x_n) = \sum_{i=1}^{N} c_i \sigma \left(\sum_{j=1}^{n} w_{ij} x_j - \theta_i \right), \tag{3.6}$$

と置けば

$$\max_{|\alpha| \in m} \max_{X \in K} \left| D^\alpha f(\boldsymbol{x}) - D^\alpha \tilde{f}(\boldsymbol{x}) \right| < \epsilon, \tag{3.7}$$

が成り立つ．ここで $\alpha_i (i = 1, ..., n)$ は 0 以上の整数であり

$$D^\alpha = \frac{\partial^{\alpha_1} + \cdots + \partial^{\alpha_n}}{\partial x_1^{\alpha_1} \cdots \partial x_n^{\alpha_n}}, \quad |\alpha| = \alpha_1 + \alpha_2 + \cdots + \alpha_n, \tag{3.8}$$

である．すなわち 3 層パーセプトロンは，微分まで含めて任意の関数を近似できる．

理論的には，3 層パーセプトロンを用いれば望む精度で任意の関数を近似可能であることが数学的に証明されている．ただし，多層化した方が解きやすい問題が存在する．解を見出す際に多層化した方が，高次交互作用項や非線形項が発見しやすいからである．ニューラルネットワークの教科書の中には排他的論理和を解くバックプロパゲーションのサンプルプログラムなどが載っているものがある．排他的論理和をビットに拡張した問題を n ビットパリティ問題と呼ぶ．パリティ問題で最も簡単な $n = 2$ の場合を排他的論理和と言う．n ビットパリティ問題においては n 個の入力 0

か1であり，1の数が偶数なら答えは0，奇数なら1と出力する問題である。数学的には完全である3層パーセプトロンであるが，実際にバックプロパゲーションを用いてnビットパリティ問題を解こうとすると，ほとんど失敗する。すなわち理論的に解が得られることが証明できても，限られた計算時間で解を得るための学習アルゴリズムが存在するか否かは別問題である。極言すれば，ディープラーニングはnビットパリティ問題を含む複雑な問題の解を与えるための学習アルゴリズムであると見なすことができる。

第4章 心理学の来し方

> この宇宙について最も理解しがたいのは，それが理解可能なことだ。
>
> —— アルバート・アインシュタイン

　本章は「心理学の来し方」として，ディープラーニング以前に何が問題とされてきたのかを整理する。現し世はディープラーニングの真っ只中にいるのだが，ディープラーニングを受けて何を考えなければならないのかを，第7章で「心理学の現し世」として記述する。さらに，第8章では「心理学の行く末」として展望を述べた。

4・1　伏魔殿

　現在にまで影響がある最古のモデルは，おそらくオリバー・セルフリッジ（Oliver Selfridge）の伏魔殿モデル（パンデモニアムモデル）であろう（Selfridge, 1958）。小悪魔デーモンが内部で勝手に振る舞い，その結果ある状態が現出するという魔宮に文字認識

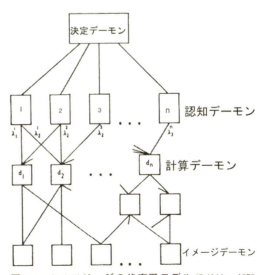

図4・1　セルフリッジの伏魔殿モデル（Selfridge, 1958, p.513 図3を改変）

を喩えたモデルである。現代的に言えば小悪魔はエージェントであり，オブジェクト指向言語で記述するということになろう。

4・2　視覚情報処理

　ディビッド・マー (Marr, 1982) は，視覚情報処理過程が，計算論的に理解できることを示した。初期視覚過程から物体認識の最終過程に至るまで定式化して見せた。たとえばヒューベルとウィーゼル (Hubel & Wiesel, 1962) が示した受容野の概念を数学的に定式化した。網膜や視床のニューロンの受容野は2つのガウシアン関数の差 (difference of Gaussians: DOG) として記述できる（ただしDOGによる定量化は1965年に遡ることができる (Rodieck, 1965)）。ネコを認識するためにDOGを使うのは洒落が効いていて良いのだが，実用的なアイデアとしての価値があった。また，線分の検出機構を画像と特徴抽出機との畳み込み積分で表現するなど，彼の示したアイデアの貢献は大きい。畳み込み演算によって位置情報を取捨した抽象化が可能となる。普段我々が何気なく行っているモノを見るという行為を記述するためには数学モデルが有効であること，および，記号処理的な古典的人工知能だけが知的な情報処理ではないことが，この分野を推し進め

図4・2 ディビッド・ヒューベル (左) とトールセン・ウィーゼル (右) の肖像
1981年ノーベル生理学医学賞を受賞した。

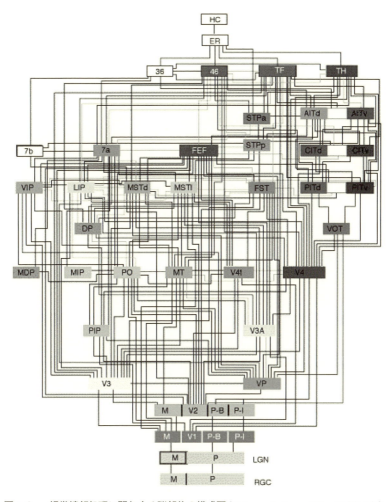

図4・3　視覚情報処理に関与する脳部位の模式図（Felleman & Essen, 1991, p.30 図4より）

る原動力となった。

　図4・3は，視覚情報処理に関与すると考えられている脳の部位を模式化してその結線を表した概念図である。マカクザルなどのデータで元に描かれた図であるが，人間もこれと同程度には複雑であると考えられている。

4・3　ピアジェの認知発達

　知的活動を考える場合，発生論的な視点を無視することはできない。環境に適応するために牙や角ではなく，知恵を選んだ種である我々の知性の起源を，生得性に求めるにせよ，強力な学習アルゴリズムに求めるにせよ，発現過程を観察することは意味がある。そこにはスイスの碩学ジャン・ピアジェ（Jean Piaget）の影響が大きい（ピアジェ，1968/1970, 1970/1972）。生物と機械とを含む一般化された学習理論を考えるのならば，知性の発生論的，および構成論的特徴は示唆に富む。ビッグデータ，機械学習への応用を考える場合においても，機械自らが知識構造を適応的に変容させて，新しい知識を創発していくための知識表象，処理機構，算法は，記述，検討，実現を精査する価値がある。

　ピアジェの説を特徴付けるポイントは「発達段階」，「同化」と「調節」によって彼が「シェマ（schema）」と呼んだ知識構造の変容に要約できる。ここでの「学習」とは，誤差の自乗和の最小化，あるいはモデルの尤度の最大化という機械学習における学習とは異なる。この意味で，ピアジェの発達理論における学習とは，目標関数の選定とそれを解くアルゴリズムの導出という定式化では説明できない枠組みの問題である。機械学習の立場からすれば，ピアジェの功績は学習という行為が依拠する枠組みを問い直す作業とも考えられる。

図4・4　ジャン・ピアジェの肖像

「シェマ」とは知識獲得における心的行為を記述する際に用いられる構成概念である。シェマに依って生物は世界を解釈し，理解するための知識のカテゴリーを獲得することができる。ピアジェによれば，シェマは知識のカテゴリーとその知識を得るための処理とを内包している。ある経験が生じると，この新しい経験は，それまで持っていたシェマに基づいて，変容，修正，追加などの変形を受ける。たとえば，子どもはある種の事物に対してあるシェマを所有している。子どもの経験したすべての事例が，この事物の一側面にだけに限定されているのであれば，子どもはその事物を一般化することはできない。子どもが自分の所有しているシェマと合致しない事例を経験したときに，その子どもは新しい事実を受け入れるために，自身の持つ既存のシェマを修正することを迫られる。

　「同化（assimilation）」とは，新しい経験によって得られた情報を，その子どもが既に所有しているシェマに取り込む処理を指す。「調節（accommodation）」（英語の辞書的な意味である「宿泊施設」と同じ綴りであるが，関係はない）とは，既存のシェマを変容させるための，環境に対する適応方法の一つである。既得のシェマ（考え方や概念も含む）を変容させることを意味する。新しい情報を得た結果，既存のシェマを変容させ，この処理に依って改めて別のシェマが起動されることとなる。ピアジェは，子どもたちには，同化と調整とのバランスをとるような「平衡」と呼ばれる心的機構が存在すると考えた。このメカニズムを介して子どもは新しい知識が達成され，結果として次の発達段階に至ると考えた。認知発達の段階を経て進行するためには，子どもたちにとっては，予備知識に同化を適用し，調節によって新しい知識を得て，行動を変容させるためにバランスを維持することが重要となる。平衡は，子どもたちが，現在の発達段階から次へ発達段階へと，思考の段階を一段上昇することを説明するための基礎を与えることとなる。以上がごく簡単なピアジェの発達観と彼の用いた用語の説明である。

　機械学習，ニューラルネットワークとの関連で言えば，新ピアジェ主義者の一人カルモロフ＝スミス（Karmiloff-Smith, 2009）は，神経構成論主義（neuroconstructivism）を提唱した。論文中で彼女は発達障害について触れ，

その神経基盤を議論した。神経構成論主義に影響を与えたニューラルネットワークとしては，ファールマンら（Fahlman & Lebiere, 1990）のカスケードコリレーション（cascade correlation）モデルが挙げられる。カスケードコリレーションモデルは，適応的アルゴリズム（constructive あるいは adaptive）と呼ばれるような，解くべき問題の複雑さに応じて，自分自身の構造を増築させる機構を有する。シュルツら（Shultz, Mareschal, & Schmidt, 1994）は，カスケードコリレーションをピアジェの天秤課題（ピアジェ・インヘルダー，1941/1965）に適用し，シミュレーションを行った。中間層のユニットを逐次追加していくことで天秤の両側にある錘と支点から距離の関係を学習することができる。そして，学習が進行する様子はピアジェの段階説を裏付けるような挙動となった。また，ウェスターマンら（Westermann & Ruh, 2012）は，神経構成論主義の名を冠したモデル（神経構成論主義的モデル NeuroConstructivism Model: NCM）を提案している。また大嶋（1997）は，日本語の格助詞の獲得にカスケードコリレーションを用いて説明を試みている。神経構成論主義の主張は一つの約束されたアプローチであるように思われる。解くべき問題の複雑さに応じて，適応的に自身の知識構造を変容させることが知的な振る舞いの第一歩であると考えるからである。

　ピアジェの後，レフ・セミョノヴィチ・ヴィゴツキー（Lev Semenovich Vygotsky）や新ピアジェ主義者と呼ばれる研究者たちによってピアジェへの批判が展開された。しかし，ピアジェが道を開いたからこそ，そこに批判が成り立つ。批判はピアジェの説の価値を減じるものではない。言わばピアジェの説は，知的発達の1次近似である。1次近似が成り立たない場合が存在することについて批判があったとしても，そして，その批判が的を射たものであったとしても，1次近似としてのピアジェのモデルの価値は減じるものではない。どの子どもでも，そして，どのような知識であっても，それらの知識は周囲の環境から与えられる。この意味において，認知発達においては社会的相互作用は重視されるべきである。またピアジェが示した課題以外の課題に対して，どのように適応すべきかを議論することで，教科学習についての示唆が得られるだろう。また，すべて子どもが正確に同じ年齢にならなければ同じ知識構造を持たないと考えるのも，ピ

アジェの説の曲解である。個々の知識の領域固有性は考慮されて然るべきである。それらの諸点は指摘する価値がある。しかし，ピアジェの説を根底から否定するものではない。ピアジェ以前に認知発達の様相を記述したモデルが存在しなかったのであるから，最初に言及すべきは最重要な1次近似のモデルであるべきだ。ピアジェの挙げた主たる知的操作である「同化」と「調節」とを，数学的に定式化してやれば，どの知識が，どの範囲で適用可能であるかを明確にでき，理論としても発展すると考える。

ニューラルネットワークや機械学習は魔法ではない。モデルが正しく動作するには理由が存在する。同様に，ピアジェの言う同化や調節も空想とは言えない。それらの用語によって記述可能な現象が存在する。同化と調節という心的操作をモデルとしてシミュレーション可能であるためには，明確な理由が存在しなければならないはずである。その理由は，生物学的な根拠と数学理論とによって根拠が与えられる。第8章でもこの問題について簡単に触れた。

第5章で概説するようにディープラーニングは，ピアジェの「同化」と「調節」のような，既得の知識を元に新たな知識を獲得し，さらに，その結果自身の知識構造を変容させる仕組みを持っていない。動的な知識構造の変容が現時点でディープラーニングに欠けている点の一つであると指摘できる。既述した神経構成論主義モデルでも，動的な知識構造の変容を説明できているとは言いがたい。現時点ではいずれも不十分である。

4・4 言語獲得

生後2歳前後から小学校入学くらいまで，一日平均9語くらいを学習している計算になるという。このような語彙爆発（word explosion 海外の学会レベルでは「スパート」という用語も用いられる）はクワインの謎と呼ばれ，「言葉の正確な指示対象を状況から同定することが難しいにもかかわらず，子どもは言語獲得が可能である」事象を指す。子どもは初めて聞く言葉の意味を瞬時に推測し，その言葉に暫定的な意味を付与する。ハイベックと

マークマン（Heibeck & Markman, 1987）はこれを即時学習（fast learning）と呼んだ。

即時学習を実現可能にする要因の一つとして，制約（constraints）が考えられている。子どもは生まれながらにして，世界がかくのごとく存在するという信念を持っていると考えられている。これを素朴理論（naive theory）と言う。素朴理論に合致しない概念を排除することによって，即時マッピング，すなわち語彙爆発が説明可能であるとする。ニューラルネットワークあるいは機械学習の用語では一撃アルゴリズム（one shot algorithm）と言う。一撃アルゴリズムでは，学習が徐々に進行するのではなく，一回だけのデータ提示で学習が成立する事象を指す。一撃アルゴリズムの実装はいくつか提案されてきた。なかでも引用されることが多い文献としては，マクレランドら（McClelland, McNaughton, & O'Reilly, 1995）の研究がある。彼らは海馬と皮質とに相補的な記憶系が存在する理由を論じた。

以下に制約の例を挙げる。

事物全体バイアス（whole object bias）　名前を知らない事物に与えられた言葉は，その言葉の全体に関するラベルである。

事物カテゴリーバイアス（taxonomic bias）　与えられた言葉は特定の事物に固有のものではなく，他の同じ種類の事物にも適用できる「カテゴリー名」であるという制約。検査者（が幼児に向かって）「これと同じものを見つけて」（ラベルなし条件），検査者「これはダックスと言うの。これと同じものを見つけて」などの実験状況である。

形態類似バイアス（shape bias）　大きさやテクスチャに比して形によって分類する傾向（Landau, Smith, & Jones, 1992, 1988）。

コントラスト原理（principle of contrast）　言葉には完全に意味が同じ同義語というのはないという仮定。

相互排他バイアス（mutual exclusive bias）　1つのカテゴリーには1つのラベルが付くという仮定。

これに対して，マイケル・トマセロ（トマセロ 1999/2006, 2003/2008）は，子どもは話者の意図に敏感で，語の意味をその場その場で適切に推論できるのだから制約は不要だとしている。今井と野島（今井・野島，2003）は，形状類似性バイアス，相互排他性バイアスなどを使って素朴理論がブートストラッピングプロセスによって獲得されるとしている。さらに，素朴理論に合致しない現象を説明するために，内発的な動機づけに基づく学びの中から知識の豊富化，再造化によって素朴理論を修正することで生きた知識の学習，文脈に埋め込まれた総合学習が必要であるとしている。また，小林ら（小林・佐々木，1987, 2008）は，日常生活では手がかりに溢れているのだから，生得的なバイアスだけに注目するのは誤りだとしている。

　語彙爆発についてのバイアスを重視する見解は，探索空間を狭めるという効果があるのだろう。しかし，探索空間の絞り込みだけではスパートを説明するのには弱いように思われる。ブートストラッピングの詳細がどうなっていれば，語彙獲得のスパート現象を積極的な説明となりうるのかが当然の疑問として湧いてくる。今井らの「音象徴性ブートストラップ仮説(sound sybolism bootstrap hypothesis)」(Imai & Kita, 2014) では，(1) 前言語期の子どもは，未知語の音韻象徴を検出し，その音声が意味を持つ実在語であるかのように処理し，(2) 音象徴は，豊かで分節化されていない知覚情報から意味の不変性を抽出し，単語とその単語の支持する対象とを関連付けるための足場となる，と主張されている。しかし，音韻象徴ブートストラップ仮説を駆動する処理機構がどうなっているのかまで踏み込めていないように思われる。おそらくブートストラップによって足場が強化されるに従って，さらに言語獲得のための処理機構は強化され，結果としてスパート現象が観察されるのであろう。このことは，ピアジェの「同化」と「調節」を解説した4・3節でも述べたとおり，既得の知識を元に新知識が獲得され，その結果知識構造が変容するような機構が語彙獲得にも存在するのだと思われる。

　語彙爆発を説明するためのニューラルネットワークモデルも提案されている（たとえば大森・下斗米，2000）。コンピュータに言語獲得を行わせる研究も行われている（錦見，1998）。おそらく学習を加速化する機構が存在

するのであろうし，既知の語彙を礎にして新たな語彙を獲得し，獲得した語彙をさらなる礎にして語彙知識が爆発的に増加するのであろう。

　ノーム・チョムスキー（Noam Chomsky）は，言語獲得には生得性が必要であると繰り返し主張してきた。人間だけに固有の言語獲得装置（Language Acquistion Device: LAD）を仮定しなければ，言語の獲得は不可能だとするのが生成文法の特徴の一つである。現代的な言語学をほぼ独力で構築したチョムスキーの功績は大きいが，ニューラルネットワークの立場からは，強力な学習アルゴリズムさえあれば，生得的な言語獲得装置を仮定せずとも言語獲得は可能であると主張されている（Elman, 1995; Elman et al., 1996）。現在までに知られている限り，言語を獲得した種はこの宇宙にたった一種しか存在が知られていない。したがって，この生得論争に決着をつけるための，肯定的，あるいは否定的証拠が乏しい。人間だけが言語を獲得できるのは，「生まれながらにして脳内に言語獲得装置が備わっているからだ」という主張も，人間だけが「強力な学習アルゴリズムを持っているからだ」という主張も，同様に同語反復（トートロジー）に聞こえる。機械に言語を獲得させる研究は始まっているが（たとえば，萩原, 1998）ディープラーニングを含む機械学習の発展にかかわる問題だと考えられるので，今後の研究の発展が望まれる分野である。ヴァーチャルインファント（須賀・久野, 2000）の試みは意欲的であるが，以降の進展がない。実際に言語を獲得できる人工知能が開発されれば事情は異なってくるだろうが，我々は未だそのような強力な人工知能を手に入れていない。

第5章　ディープラーニング

> もし世界が物理学者の道具や数学者の記号で測定されうるものを超越しているのなら，人生は矮狭なものになってしまうだろう。
> 　—— アーサー・エディントン

　第1章でも述べたとおり，ディープラーニングは主に3つの領域で成果をあげている．画像認識，音声認識，自動翻訳やテキストマイニングなどの文書処理，である．脳が外界を認識する際に，高度な計算が必要であることは既に記した（4・2節）．この意味でディープラーニングは，現代的な人工知能技術の一つである．ディープラーニングは教師なし学習であるにもかかわらず，教師あり学習の性能を凌駕する．このことは逆説的に聞こえる．与えられたデータを分類する課題では，教師あり学習の方が目標が明確だからだ．制限ボルツマンマシンは入力情報から生成モデルによる独自学習で内部表象を自動的に抽出している．端的に表現すればサポートベクターマシンに欠けていたものは柔軟性である．最適化問題の定式化としては美しいのだが，問題によっては美しさや完全さよりも効率を優先した方が良い場合がある．たとえばある空間やデータを記述する際には正規直交基底を用いれば記述可能である．ところが問題によっては，直交を仮定しないで柔軟な基底を選んだ方が上手くいく場合もある．ディープラーニングはまさに，このような発想から出発する（ただし証明は単純ではない）．

　ディープラーニングの特徴としては，次のような点が挙げられる．

1　確率論的二値ユニット（stochastic binary units）を用いた生成モデルである．
2　制限ボルツマンマシンによる教師なし学習（あるいは事前学習，独自

学習）を行う（Erhan et al., 2010）。
3 一度の学習では入力層（v層）と隠れ層（h層）の層間しか扱わない。
4 層間には双方向結合が仮定される。大脳皮質において領野間の結合は双方向であることと対応する。
5 層内には結合が存在しない。
6 多層化は1つの制限ボルツマンマシンの学習が済んでから行う。
7 各層は直下の層を入力層（v層）と見なし，新たな隠れ層（h層）を構築する独自で各個の学習を行う。
8 上位層ほど広い受容野を持つ。上位層のユニットがより抽象的な表象，特徴を獲得するようになる。
9 畳み込みネットワークによって推定すべきパラメータ数の減少，および疎性原理（sparity principle）を実現できる。

本章はこの順序で，ディープラーニングを記述する。

5・1 制限ボルツマンマシン

制限ボルツマンマシンとは，Restricted Boltzmann Machines の訳である（Hinton et al., 2006; Smolensky, 1986）。入力層に提示されたデータを再現するように，隠れ層のユニットの結合係数を学習する技法を指す。図5・1の左は完全結合を仮定するボルツマンマシン（Hinton & Sejnowski, 1986）であり，右が制限ボルツマンマシンである。制限ボルツマンマシンでは二重丸◎で示した外部入力がこの層に与えられるという意味で，可視（visible）な入力層（v層）と隠れ（hidden）層（h層）との間にしか結合が存在しない。層間のユニットにのみ結合を制限した「制限ボルツマンマシン」である。1つの制限ボルツマンマシンは入力層（v層）と隠れ層（h層）からなる層のネットワークである。制限ボルツマンマシンでは2つのユニット間の結合係数 w_{ij} は対称である（$w_{ij} = w_{ji}$）。したがって，制限ボルツマンマシンは非有向非循環グラフの一つである。対称な結合を用い

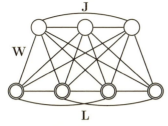
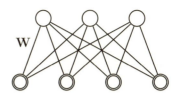

図5・1 通常のボルツマンマシン（左）と制限ボルツマンマシン（右）（Salakhutdinov & Hinton, 2006 より）

たのは，学習を簡単にするためである．

本節は，(1) 各ユニットの状態である確率論的二値変数を定義し，(2) 各ユニットの状態で定義されるエネルギーを定義し，(3) エネルギーを減少させるようにユニット間の結合係数を調整する学習を定義する，という順に記述する．学習を高速化する工夫は次節5・2節に記した．

各ユニットは確率論的二値変数（Stochastic binary units），あるいはベルヌーイ変数（Bernoulli variables）と呼ばれ，0か1かの2値をとる．ユニット s_i の状態が1である確率は，次式

$$p(s_i = 1) = \frac{1}{1 + e^{-b_i - \sum s_j w_{ji}}} , \tag{5.1}$$

で与えられる．ここで w_{ji} はユニット sj からユニット s_i への結合係数であり，b_i は各ユニットごとに設定されるバイアス（bias）である．ユニット s_i が1となる確率は入力ユニットの荷重和とバイアスで定まる．結合荷重を定義すれば，ある入力に対して各ユニットが1をとる確率が定まる．式(5.1)はS字曲線を描く単調連続増加のロジスティック関数である．

制限ボルツマンマシンは生成モデル（generative model）である．生成モデルの対となる語を判別モデル（descriminative model）と言う．生成モデルとは用いる生成変数が確率変数として定義されるモデルを指し，判別モデルは生成変数は決定論的に定まることを仮定するモデルの総称である．

すなわち生成モデルにおいては生成変数 x が正規分布 $x \sim N(0,1^2)$ に従うとして

$$y = f(x) + \epsilon, \tag{5.2}$$

と観測されたデータ y は確率変数と雑音との和であると見なされる。ここで ϵ は σ_i^2 を対角要素とする対角行列 Σ によって $\epsilon \sim N(0, \Sigma)$ に従う雑音であるとする。一方，判別モデルでは観測されたデータ y に雑音が乗っていると考える。したがって表現としては式 (5.2) と同等であるが，生成モデルが右辺第一項と第二項共に確率変動するのに対して，判別モデルでは右辺第二項のみが確率変動すると見なされる。表 5・1 に代表的な両モデルを示した。制限ボルツマンマシンは生成モデルであり，かつ，教師なし学習（あるいは自己学習）を行う。隠れ層（v 層）に提示された感覚入力を生成する確率を最大化するように結合荷重が調整される。マルコフランダム場（Markov random field）を近似したモデルと捉えることもできる。画像認識の用語を使えば，ある画像が提示された場合にあるラベルが与えられる条件付き確率（p(ラベル｜画像)）を学習するのではなく，画像の特徴を学習する（p(画像)）。

表5・1　主な生成モデルと判別モデル

生成モデル	判別モデル
ガウシアン混合モデル	ロジスティック回帰
隠れマルコフモデル	線形回帰
ナイーブベイズ	サポートベクターマシン
制限ボルツマンマシン	狭義のニューラルネットワーク
確率的因子分析	狭義の主成分分析

制限ボルツマンマシンの学習とは結合係数 w_{ij} の値を調整することである。この際入力層（v 層）に提示された入力信号によって隠れ層（h 層）

ユニットの状態が定まり，隠れ層（h層）のユニットから逆に入力層（v層）の入力データを再現するよう結合係数 w_{ij} を調整することである．結合係数 w_{ij} の更新を行うために制限ボルツマンマシンのエネルギーを考える．制限ボルツマンマシンのエネルギーは入力層（v層）と隠れ層（h層）の状態（とそれぞれのバイアス）で定まる．バイアスを省略して表記すると次式 (5.3) のようになる．

$$E(\boldsymbol{v}, \boldsymbol{h}) = -\sum_{i,j} v_i h_j w_{ij}. \tag{5.3}$$

各バイアスを常に 1 をとる仮想ユニットからの入力と見なせば，総和記号（Σ）に含めて考えることができる．式 (5.3) の左辺は入力層（v層）と隠れ層（h層）のユニットの関数としてエネルギー E が定義されることを示している．そのエネルギーは式 (5.3) の右辺のように，v 層と h 層のすべてのユニットとユニット間の結合係数とを掛け合わせて加えた値のマイナスとして定義される．

v 層のユニットと h 層のユニットの状態がとる同時確率を，次式 (5.4) で定義する．

$$p(\boldsymbol{v}, \boldsymbol{h}) = \frac{e^{-E(\boldsymbol{v}, \boldsymbol{h})}}{\sum_{u,g} e^{-E(\boldsymbol{u}, \boldsymbol{g})}}. \tag{5.4}$$

式 (5.4) の右辺ではエネルギーが e の肩に乗った形になっている．式 (5.4) の右辺の分母を分配関数（partition function）と呼ぶ．分母に出てくる u, g は関連するすべての v 層，h 層の状態を表すため分子に出てくる v や h とは異なる記号を用いた．v 層のユニットのとる確率は，h 層の全ユニットの状態を足し合わせて次式 (5.5) で計算される．

$$p(\boldsymbol{v}) = \frac{\sum_{h} e^{-E(\boldsymbol{v},\boldsymbol{h})}}{\sum_{u,g} e^{-E(\boldsymbol{u},\boldsymbol{g})}} \ , \tag{5.5}$$

熱力学 (thermodynamics) の教科書では，閉鎖系における微視的状態 θ がとる確率分布 $p(\theta)$ は次式に従う。

$$p(\theta) = \frac{1}{Z(\beta)} e^{-\beta E(\theta)}, \tag{5.6}$$

ここで $E(\theta)$ は微視的状態 θ であるときのエネルギーであり，β は逆温度と呼ばれ，絶対温度 T との関係で $\beta = \frac{1}{kT}$ となる。k はボルツマン定数である。この確率分布の分母 $p(\theta)$ の分母 $Z(\beta)$ は分配関数であり，以下の式で表される。

$$Z(\beta) = \sum_{\theta} e^{-\beta E(\theta)}. \tag{5.7}$$

式 (5.4) と (5.6) の関係，および，式 (5.4) 右辺分母と式 (5.7) の関係を比べれば，まったく同じと言ってよい。p の分布のことをボルツマン分布と呼ぶ。これがボルツマンマシンと呼ばれる所以である。

v 層に訓練データをセットして h 層のユニットの値を計算する。v 層の結合係数を

$$\frac{\partial p(\boldsymbol{v})}{w_{ij}} = \langle \boldsymbol{v}_i \boldsymbol{h}_j \rangle^0 - \langle \boldsymbol{v}_i \boldsymbol{h}_j \rangle^{\infty}, \tag{5.8}$$

を用いて更新する。ホップフィールドモデルと異なり結合係数は一時に同時更新される。

式 (5.8) 中の右肩の数字は，v 層と h 層との往復回数を示している。式 (5.8) 中の 〈 〉は平均を計算する操作だと考えて差し支えない。データ解析の立場からすれば，平均とは観測データ x_i をすべて足し合わせて，デー

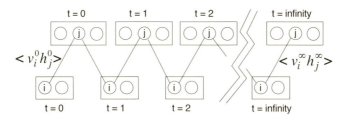

図5・2 制限ボルツマンマシンのサンプリングステップ (Hinton et al., 2006, 図4)

タの個数で割った値のことを意味する。しかし、物理学においては、ある系（この場合開放系でも閉鎖系でもよい）における粒子の状態がある確率で定まるとき、この確率集団の平均値のことを⟨ ⟩と表記する。実際、集団平均あるいはアンサンブルと呼ばれたりする。x, y, z の3次元座標系ではなく、座標系によらない抽象的な位置を p、抽象的な速度を q と表すことにすれば、粒子 i の物理状態 A は $A(p_i, q_i)$ と表記できる。このとき、ある確率 dP を持つ確率集団の平均値を $\langle A \rangle = \int A([p_i],[q_i])dP$ と定義する。離散変数の場合、たとえばコインの表の出る確率は 1/2 などと表記されるが、連続変量の場合、密度関数 $g(x)$ を持つ変数 x の区間 D に入る確率は積分で定義される（$p(x \in D) = \int_D g(x)dx$）ことを思い出せば、⟨ ⟩の定義も納得できよう。

制限ボルツマンマシンはギブスサンプリング（Gibbs sampling）の代替案であり、マルコフ連鎖による最尤推定値を与えるアルゴリズムと見なすこともできる。式 (5.8) によってエネルギー関数は局所最小に近づく。

ギブスサンプリングを極端に要約すれば、任意のデータを元にデータを生成する分布を推定し、推定された分布に基づいて、データをサンプリングする。この手順を繰り返し行うことを指す。

第5章 ディープラーニング

5・2 コントラスティブダイバージェンス

図5・2は理想論である。v層に与えられたデータをh層が抽象化し，その抽象化からv層を再構成する。この繰り返しを無限回繰り返す。

$$\frac{\partial \log p\left(\boldsymbol{v}^0\right)}{\partial w_{ij}} = \langle h_j^0\left(v_i^0 - v_i^1\right)\rangle + \langle v_i^1\left(h_j^0 - h_j^1\right)\rangle + \langle h_j^1\left(v_i^1 - h_i^2\right)\rangle + \ldots \tag{5.9}$$

安定するまでには無限回の演算が必要であれば$<v_i^\infty h_j^\infty>$が必要となり

$$\frac{\partial \log p\left(\boldsymbol{v}^0\right)}{\partial w_{ij}^{00}} = \langle v_i^0 h_j^0 \rangle - \langle v_i^\infty h_j^\infty \rangle, \tag{5.10}$$

である。これがカルバック・ライブラー情報量（Kullback-Leibler divergence 付録C・7・1）を最少にすることが証明されている。ヒントン（Hinton et al., 2006）はこれを，一往復だけで済ませることにした。これをコントラスティブダイバージェンス（Contrastive Divergence）と呼ぶ（Carreira-Perpiñán & Hinton, 2005; Hinton, 2002）。

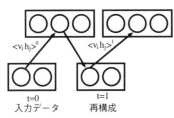

図5・3 コントラスティブダイバージェンスの模式図

v層に訓練データをセットし，h層ユニットの値を並列計算する。h層の計算結果に基づいてvを再構築する。これを1回だけで済ますのがコントラスティブダイバージェンスである。式(5.11)はもはや対数尤度の勾配関数ではない。

$$\Delta w_{ij} = \epsilon\left(\langle v_i h_j \rangle^0 - \langle v_i h_j \rangle^1\right). \tag{5.11}$$

ここでϵは学習係数である。

今一度制限ボルツマンマシンにおける学習をまとめると，次のようになる。まず，(1) 入力層（v層）に提示されたデータを使ってデータの特徴を学習する。次に，(2) 学

習の結果得られた特徴（確率論的二値変数で構成されるベクトル）をデータとして扱い，上位層の学習を行う．結果として，(3) 層を重ねるたびに訓練データの対数確率の変分下限（variational lower bound）が改善する（証明は省略）．

　ではなぜコントラスティブダイバージェンスで上手くいくのか？　というのが最大の疑問であろう．制限ボルツマンマシンの隠れ層（h層）の各ユニットは入力層（v層）にデータが与えられた条件付き潜在因子と見なしうる．各制限ボルツマンマシンの隠れ層（h層）ユニットは，与えられた全データを集約（aggreagated）事後分布に変換する．そして，制限ボルツマンマシン（生成モデル）によって学習された結合係数は集約事後分布を所与のデータ分布を復元するためにも用いられる．すなわち，(1) 潜在変数を見つけ出すことと，(2) 見出した潜在変数から所与のデータを復元するという 2 つの課題を解くための結合係数行列を学習する．この 2 つの課題を同じ結合係数行列に帰着させてよいのか否かは，議論の分かれるところかと思う．任意の関数 $y = f(x)$ に対して，逆関数 $x = f^{-1}(y)$ が存在するのか，存在するとしても解析的に求まるのか，は別問題であるからだ．

　もう一つの疑問として，制限ボルツマンマシンによって構築された潜在変数がなぜサポートベクターマシンや他のアルゴリズムを凌ぐ性能を発揮することができたのか？　が挙げられよう．一つの理由は非線形な確率論的二値ユニットを用いたことで，偶然に特徴を見出す可能性があったことであろう．決定論的な判別モデルでは，あるいは線形だけを仮定するモデルにこの能力は期待できない．

　では，隠れ層（h層）で何が起こっているのか？　おそらく最下位層の隠れ層（すなわち第 2 層）は，条件付き事後知識を扱っていると思われる．上位層は，下位層の集約事後分布の特徴を抽出することになる．ヒントンら（Hinton et al., 2006）によれば，多層化することで，改善が損出を上回ることとなる．

　このようにして制限ボルツマンマシンを構成し，隠れ層（h層）を新たな入力層（v層）として多段に重ねることによって，深い階層のネット

ワークができあがる。多段に重ねた深いネットワークが3層パーセプトロン以上の性能を発揮するのは，制限ボルツマンマシンが非線形だからである。制限ボルツマンマシンはガウシアン過程を拡張した，領域特殊的なカーネルを構築可能であるとも換言できる。線形な関係を仮定した因子分析にこの発想はない。少なくとも，因子分析結果をもう一度因子分析にかけても，既に線形結合によって得られるすべての情報が反映されているので，新たな意味は見出せない。このことは，アンケート調査結果を因子分析にかけて結論を導くことに終始するような研究に対して，少なくとも他のアプローチが存在することを示唆するとも解釈でき，示唆に富むと考える。

ここまでをまとめると，次の3点に要約できる。

1. 制限ボルツマンマシンは，確率論的二値変数を用いて下位層に提示されたデータの特徴を抽出するよう隠れ層ユニットを訓練する。
2. 隠れ層に表現された特徴に基づいて，入力層に現れたデータを再構築する。
3. コントラスティブダイバージェンスによって，繰り返し回数を減じる。

さらに制限ボルツマンマシンは以下の3点において

1. 1種類の信号しか扱っていない
2. 誤差の逆伝播を考えない
3. 教師信号は別の感覚入力から与えられると考える

バックプロパゲーションより生物学的妥当性を有しているという考え方もある。1回に1つの制限ボルツマンマシンを学習させ，逐次積み重ねていく方法はビッグデータの処理に適しているという見方もできる。各層の学習が独立に行われることは，バックプロパゲーションと対比される。バックプロパゲーションでは最上位層の1ユニットの誤差が全下位層の全ユ

ニットに拡散する。それはバックプロパゲーションの長所でもあった。一方，制限ボルツマンマシンは全ユニットについて再学習する労力を限定することは，計算量を抑制する効果を指摘できる。

5・3 自動符号化（オートエンコーダ）

　自動符号化（autoencoder）（Hinton, Krizhevsky, & Wang, 2011; Hinton & Salakhutdinov, 2006; Hinton & Zemel, 1994）は非線形次元圧縮と見なしうる。図5・4に潜在意味分析と制限ボルツマンマシンによる自動符号化の結果を示した（Hinton & Salakhutdinov, 2006, 図4を改変）。ヒントン（Hinton & Salakhutdinov, 2006）はロイター社のニュース記事全80万4414編のデータベースから共通の単語2000語を抽出し，確率ベクトルと見なして自動符号化に学習させた。最上位層の10分野の分類には，交差エントロピー（crossentropy）を誤差関数（$-\sum_i p_i \log \widehat{p}_i$）として用いて訓練した。各層のユニット数は，入力層から順に2000-500-250-125-10であった。制限ボルツマンマシンであるから，最上位層のユニット数を10から2に替えても下位層の学習結果は変わらない。論文には詳しい手続きは書いてないが，2次元平面にデータをプロットできるのだから（図5・4），最上位層だけ2の線形出力関数を用いて学習し直した結果が図に示されている。論文には補足資料としてMATLABのソースコードのURLが示されているので，ダウンロードしてコードを読んでみた。図5・4の結果は最終層だけ2層の線形ユニットに入れ替えて制限ボルツマンマシンを行った結果である。2000次元のベクトルが80万4414個の結果であるから，現代風に言えばビッグデータと言える規模ではない。しかし2006年発表の結果であることを考慮すれば，当時はビッグデータを扱ったと認識されたとものと思われる。

　0と1からなり1の生起頻度が疎な行列を特異値分解あるいはその行列の転置行列との積（分散共分散行列もしくは相関係数行列）の固有値を求め，最大固有値と2番目に絶対値の大きな固有値とに対応する固有ベクトルに

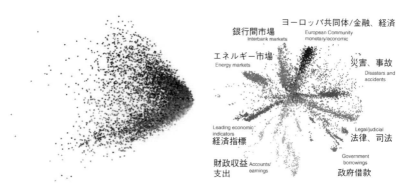

図5・4 非線形次元圧縮としての自動符号化
同じデータを潜在意味分析(左)で2次元表示した場合と制限ボルツマンマシン(右)の結果

基づいてデータをプロット(主成分得点もしくは因子得点のプロット)すると,図5・4左の潜在意味分析の結果と酷似した馬蹄形の附置を得ることが非常に多い。固有値問題に基づく手法に共通する傾向である。この点は,線形性を仮定した多変量解析一般の限界だと推察できる。

　自動符号化の発想は以前から存在した。恒等変換(すなわち入力と出力が同じもの)を砂時計モデル(図5・5左)に学習させると,非線形圧縮が起きることは知られていた。臼井(1997)によれば,色として知覚できる100の色票の分光反射率のデータを5層のニューラルネットワークに恒等写像として学習させると,中間層にマンセルの色立体に似た表現が得られる。加えて,網膜上には3原色に対応する応答波長特性の異なる3種類の色感度を持つ視細胞が存在する。これに対して高次視覚処理の結果として認識される虹の7色を出力信号としてバックプロパゲーションによって中間層を訓練すると,赤-緑,青-黄の反対色過程を示す表現が得られたという。128×128ピクセルの一枚の画像を8×8の小領域に分割し,恒等写像を学習させた。図5・5では中間層のユニット数を16とした3層のニューラルネットワークに16/64 = 1/4のデータ圧縮を行った結果を示した。したがって,制限ボルツマンマシンによる自動符号化だけが非線形圧縮が起きると考えるのは間違いである。非線形圧縮はバックプロパゲーションでもできた。制限ボルツマンマシンを用いることで効率は向上した

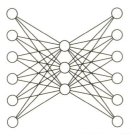

図5・5　砂時計モデル(左), 原画像(中), 復元画像(右)

のかも知れないが, バックプロパゲーションによる砂時計モデルを用いた同型写像であれば, 同様の非線形圧縮が可能である. すなわち, データの持つ統計的性質をある種の自己組織化写像アルゴリズム用いて解いていることには変わりがない. ただし, 砂時計モデルによる同型写像によるテキストマイニングをヒントン (Hinton & Salakhutdinov, 2006) が示したビッグデータに適用し, 結果を示した例は存在しなかった.

5・4　畳み込みネットワーク

　畳み込みネットワーク (convolutional neural network) とは, ヒューベルとウィーゼルがサルの視覚野で見出した生理学的事実に基づいている (Hubel & Wiesel, 1968). 視覚情報処理過程はヒューベルとウィーゼル (Hubel & Wiesel, 1962, 1968) 以来詳細に調べられているので, 視覚情報処理過程を模した畳み込みネットワークが用いられることが多い. すなわち視覚野には受容野 (receptive field) が存在する. 受容野をニューラルネットワークとして実装するという発想は理にかなっている. 1つの光点が受容野に提示されたときに活動する細胞を単純細胞と呼ぶ. 単純細胞を複数連結すれば線分検出器となる. 実際に第一次視覚野 (V1) には方位選択性を持ったニューロンがハイパーコラムをなしている. 線分検出器の中で興奮型のニューロンと抑制型のそれとを並べれば, エッジ検出器が構成できる. エッジ検出器は2次元ガボール (Gabor) 関数あるいはガボールパッ

第5章　ディープラーニング

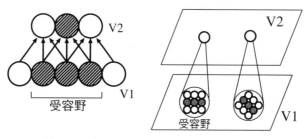

図5・6 1次元（左）と2次元（右）の受容野の概念図

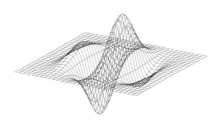

図5・7 ガボール関数

チ（patch）で近似される。ガボール関数は釣鐘型のガウシアン関数と三角関数の積で定義される。$e^{-(x^2+y^2)}\cos(x)$ を図5・7に示した。

　畳み込みネットワークは，ガボールパッチのようなカーネル関数（kernel functions）を畳み込んで，特徴抽出する手法である。適切なパターン抽出用のパッチを予め作成し，そのパッチとの畳み込みを中間層に行わせる。

　視覚情報処理においては，第一次視覚野（V1）から順次階層を登っていくに連れて，複雑な形状に応答するニューロンが現れ，受容野は広くなる（単純細胞 simple cells，複雑細胞 complex cells）。このように階層を登るにしたがって複雑な情報を処理，特徴表現，あるいは内部表象を獲得する仕組みを拡張し，仮に目と鼻と口からなる顔パッチが定義できれば，原理的には顔認識細胞が定義できることとなる。

　畳み込みネットワークは下位層のニューロン間の局所的接続パターン，すなわち受容野から空間的局所相関を計算する。これは疎性結合（sparse connectivity）に相当する。畳み込みネットワークは，疎性フィルタ（sparse filter）が視野全体を覆うように重複して構成される．これらの重複したユニットは，結合荷重を共有し，特徴地図を形成する．パラメータの共有により，視覚位置に依存しない特徴量の地図を描くことが可能となる．加えて，パラメータ数の減少と学習の効率を向上させることが可能となる．換言すれば，入力データの片隅で生じた学習の結果抽出した特徴をデータ全域へ適用できる．モデルの調整次第では，一般化能力の向上も見込める．たとえば入力層が $N_v \times N_v$ 画素からなる画像である場合，各カーネルのサイズを $N_h \times N_h$ の二値ユニットからなる k 個のカーネルとした場合，隠れ層は $N_h^2 k$ 個のユニットで構成される．

　畳み込みネットワークのもう一つ重要な概念は，その非線形ダウンサンプリングの一形態であるマックスプーリング（max pooling）である．すなわち，プーリング層内の各ユニットは，検出層の小領域のユニットの最大活性化を計算する．入力層の次元数が畳み込みネットワークによる特徴検

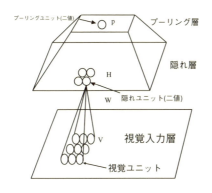

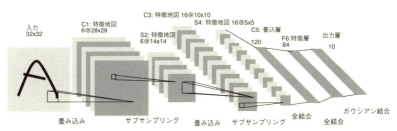

図5・8　マックスプーリングの概念図（上）（Lee et al., 2009 の図1を改変）**と畳み込みネットワークの例（下）LeNet-5**（LeCun et al., 1998 図2を改変）

出層 h を経て，プーリング層のユニット数まで圧縮されることを意味する。マックスプーリングにより，上位層の計算量を減じ，かつ，変換不変性を確保できる。

　現在のステートオブジアーツなプログラムはほとんど畳み込みネットワークを採用している。このことは，移動，回転，拡大縮小などのアフィン変換（affine transform）不変量を抽出していることに相当し，脳の持つ知的な振る舞いの一実現と解釈できる。

　大規模画像認識チャレンジ（ILSVRC）の結果や近年のこれを支持する大量の論文などから畳み込みネットワークを取り入れることによりニューラルネットワークの認識能力が向上することは確実だろう。ただし，何種類のカーネルを用意すればよいのか，採用するカーネル数とカーネルの大きさをどのような基準で決めればよいのかについては，答えはない。当然だが入力データに依存して最適なカーネルの規模，形状，個数は変動する。特定のデータ集合についての最適な畳み込みネットワークは定義できても，すべての入力を網羅するような包括的，統一的な基準が見出されたわけではない。

　自動符号化によって自動的にエッジ検出機が形成されるのだから，ことさら畳み込みネットワークを強調する必要もないとも言える。ヒントンら（Krizhevsky & Hinton, 2011）は，手書き文字認識用学習データ MNIST を用いれば，ガボールパッチ状の検出器が形成されることを示した（図5・9）。

　なぜ畳み込みネットワークのような処理が必要なのだろうか。第一次視覚野においてガボール関数状の線分検出器が構成される機序とその原理の説明については，いくつか存在する。古くはリンスカーが一連の論文（Linsker, 1986a, 1986b, 1986c, 1988, 1997）で示した情報量最大化原理（infomax）である。さらにトポロジカル独立成分分析による説明も可能である（Hyvärinen, Hoyer, & Inki, 2001）。いずれの説明においても，特徴検出器の形成は入力刺激に依存する。通常は第一次視覚野（V1）に向かうフェレットの網膜神経節細胞を第一次聴覚野（A1）に繋ぎ替えると，第一次聴覚（A1）の細胞が第一次視覚野（V1）のような方位選択性（orientation selectivity）を示したという生理実験が報告されている（Roe, Pallas, Kwon,

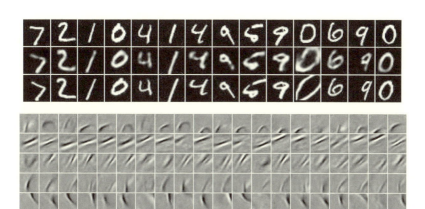

図5・9 制限ボルツマンマシンによる自動符号化による特徴検出器の自動形成
上図1行目は原画像, 2行目が復元画像, 3行目が正確に再現された画像例. 下図は自動符号化の例である. 正確には位置ズレを考慮した変形自動符号化の結果. (Hinton et al., 2011 図4より)

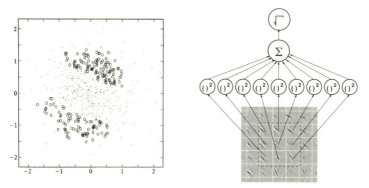

図5・10 Linsker (1986a)(左) のシミュレーション結果と, トポロジカル独立成分分析 (右)
(Hyvärinen et al., 2001 図3より)

& Sur, 1992)。同様にハムスターの網膜神経節細胞を体性感覚野（S1）に繋ぎ替えると，体性感覚野は方位選択性の応答を示す（Métin & Frostt, 1989)。

このことから，少なくとも第一次感覚野においては共通のアルゴリズムで入力情報が処理され，入力刺激に依存した特徴検出器が形成されることを示唆している。これら事実は，畳み込みネットワークの形成の生理学的証拠と考えられる。同時に畳み込みネットワークが形成されるアルゴリズムが，少なくとも一次感覚野，一次運動野においては共通していることを示唆する。

5・5 ドロップアウト

ドロップアウトは，ヒントンら（Hinton, Srivastava, Krizhevsky, Sutskever, & Salakhutdinov, 2012）によって導入された汎化能力向上の方法である。学習中に特徴検出器（すなわち中間層に表象された表現）の半分をランダムに落ちこぼれ（ドロップアウト）させることで過学習を防ぐことができる。

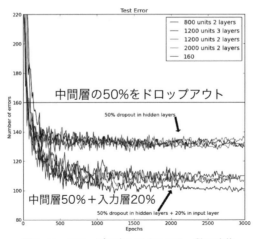

図5・11　ドロップアウトによるエラー数の改善

データは手書文字認識用のMNIST，横軸は訓練回数，縦軸はエラー数を示す。図中の各線は異なる構成のネットワークである。(Hinton et al., 2012, 図1を改変)

訓練時に各事例が入力層に提示されるが，このとき，各隠れ層ユニットをランダムに0.5の確率で省略する。他の隠れユニットとはほぼ独立に学習を行うことに相当する。これにより汎化能力が向上した。ニューラルネットワークにおいては任意の層の全ユニットが誤差に対して共同して責任を分担する。同じ役割を担うユニット集団が重みを共有することになるので，ドロップアウトによってユニット集団のうちのいくつかのユニットが欠けると結果として，L2と同様の正則化に等しい作用が生じる。

ドロップアウトによって汎化能力が向上することの直感的な説明を，図5・12に示した。ドロップアウトが正則化に等しいという論文がある（Wager, Wangy, & Liangy, 2013）。確率的に振る舞うドロップアウトであるが，正則化理論におけるL2と等価になる。

ドロップアウトが適応可能な範囲はディープラーニングに限定されない。一般化線形モデルであれ，レーベンバーグ・マルカート法（Levenberg-Marquardt）（Levenberg, 1944; Marquardt, 1963）など非線形回帰問題でも当てはまる一般的解法と言える。ただし，なぜ半分だけドロップアウトさせるのかは明らかではない。49％や51％ではなく正確に50％であれば最も汎化能力が向上するといった議論は行うことができない。

正則化という考え方を視覚情報処理に導入したのはポッジオら（Poggio, Torre, & Koch, 1985）の功績である。ところで，正則化には複数の原則が存在する。少なくとも次の3つが挙げられる。

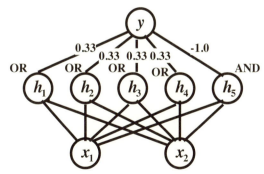

図5・12 ドロップアウトが正則化項の導入と同等な役割を果たすことの直感的な概念図

1 疎性原理（sparity）（Olshausen & Field, 1997）L0
2 単純さの原理（simplicity）L1
3 滑らかさの原理（smoothness）L2

いずれの原理も推定すべきパラメータ数に比して訓練データ数が少ない不良設定問題（ill-posed problems）を解くために導入される手法一般を指す。あるいは過学習（over learning, over fitting）を防ぐ目的で用いられる。滑らかさの原理は，図 5・13 に示したように，正則化パラメータ（λ）の値が適切であれば真の関数を近似できることを示している。ただし λ は言わ

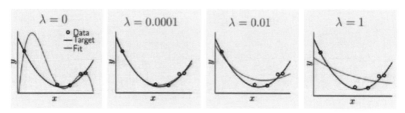

図5・13　正則化係数によるフィッティングの違い

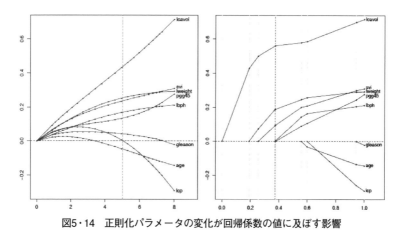

図5・14　正則化パラメータの変化が回帰係数の値に及ぼす影響
左はL1の，右はL2の場合。横軸が正則化項の大きさを示し，縦軸が回帰係数の大きさを表している。(Hastie et al., 2001, 図3を改変)

ば劇薬で，薬が効き過ぎると当てはまりはかえって悪くなる。図5・13では上の図が$\lambda = 0$，すなわち正則化項を導入しなかった場合である。図中で下に行くほどλの値が大きくなっている。容易に想像されるように$\lambda = \infty$の極限では，予測は横軸に並行なデータ全体の平均値を通る直線となる。どのような入力が与えられても平均値を推測値として与えることに相当し，回帰，予測，および近似としての意味をなさない。統計学の用語では，L2，ティコノフの正則化，リッジ回帰と呼ばれる。

一方，単純さの原理はL1，あるいはLASSO（Tibshirani, 1996）（直訳すれば絶対値最小化縮約選択演算子 Least Absolute Shrinkage and Selection Operator の頭文字）と呼ばれる正則化法である。図5・14に示したとおり，L1とL2とで正則化項が異なる（横軸が正則化項の大きさを表している）ことと対応して，各パラメータの値が変動する。回帰モデルであれば，回帰係数に相当する値が正則化項の値によって変動する様子が示されている。正則化項を導入することで不良設定問題（ill-posed problem）を解くことができる。しかし図5・14に示したとおり，正則化項の取り方によってパラメータの意味合いが変化する。極端な場合，回帰係数の正負の符号が逆転するのであれば，解釈は慎重になる必要がある。

ニューラルネットワークとの関連で言えば，L2と重み崩壊法（Krogh & Hertz, 1991）は等価である。単純さの原理を実現する方法としては重み消

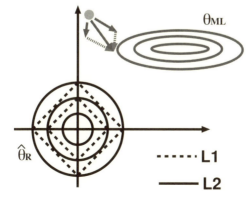

図5・15　正則化項の役割の幾何学的意味

第5章　ディープラーニング

去法（Rumelhart, 1990）が挙げられる。各種の枝刈り法（たとえば Hassibi, Stork, & Wolff, 1993; LeCun, Denker, & Solla, 1990）も正則化をニューラルネットワークとして実装したと見なすことができる。疎性原理のニューラルネットワークによる実装は，重み先鋭化（French, 1991）が該当すると考えてよい（付録C・8節）。このように，正則化法，統計学，ニューラルネットワークの三者は相互に関連し合う。

正則化法について，直感的な幾何学的説明を与えたのが図5・15である。図は推定すべきパラメータが2つの場合であるから，探索空間は2次元平面となる。バックプロパゲーションを含む勾配降下法によって目標関数の局所解を探索することを考えれば，誤差の等曲線は楕円で与えられる図右上の同心楕円，勾配降下法の定義から学習は等誤差曲線に直交するベクトルの方向に進行する。正則化項が与えられた場合，原点を中心とする同心円に直交するベクトルとの合成ベクトルの方向に学習が進行することとなる。原点を中心とする同心円の方向を仮定するのがL2であり，点線で描かれた菱形を仮定するのがL1である。L2の正則化項は $w^T w = \lambda$ であり，L1のそれは $|w| = \lambda$ である。さらにこれらの一般化 $|w|^q$ を考えれば，$q=2$ のときがL2であり $q=1$ をL1と言う。$q<0$ であれば，各軸に沿って先鋭化される疎性原理となる（Hastie et al., 2001, p.72）。

正則化法はベイズ流には，オッカム因子（Occum factor）（オッカムの剃刀 Occam's razor）と呼ばれる（MacKay, 1992）。

オッカムの剃刀とは，ウィキペディアによれば，ラテン語で "Pluralitas non est ponenda sine neccesitate. Frustra fit per plura quod potest fieri per pauciora." と言う。「不必要なものを数多く定立してはならない」「少数の論理でよい場合は多数の論理を定立してはならない」ことを主張する。スコラ哲学に端を発すると言われるこの言質を無条件に信じる理由もないが，正則化理論はオッカムの剃刀の実現方法の一つと見なすことができる。

5・6 中間層の意味

多層化することに成功したディープラーニングであるが，各層では何が行われているのだろうか。浅川（Asakawa, 2014）は，中間層の意味として以下のような6つの役割を挙げた。

1 対数線形モデルによる高次交互作用項
2 次元の調整（制限ボルツマンマシンや主成分分析による次元圧縮，拡張）
3 ブラインドソースセパレーション，独立成分分析（Bell & Sejnowski, 1995; Coon, 1994; Hyvärinen, Karhunen, & Oja, 2001; Hyvärinen & Oja, 2000）
4 再帰結合による計画，予測，制御，検索，変形，プライミング（浅川, 2003; Elman, 1990, 1991a, 1993; Elman et al., 1996; Hinton & Shallice, 1991; Plaut & Shallice, 1993）
5 不変項の抽出（Marr, 1982）
6 トポロジカルマッピング，自己組織化写像（Kohonen, 1985; コホネン, 1996/1997）

船橋（2000）は，多層パーセプトロンの役割として，パターン認識，情報圧縮，時系列予測，雑音除去，制御系の設計を挙げている。中間層の意味として挙げた6つは船橋（2000）を拡張したものと捉えることができよう。そもそも，第一次感覚野と第一次運動野とが直結していたら，予測，計画，制御などありえない。内言は存在せず，思いついたことがすぐに行動として出現する。その場合，外部刺激に機械的に応答するだけの単純なシステムでしかなくなってしまう。極言すれば，我々が知的活動を行えるのは中間層が存在するからだ。

再帰結合を持つニューラルネットワークモデルを，再帰型ニューラルネットワーク（Recurrent Neural Networks: RNN）と呼ぶ。再帰型ニューラ

ルネットワークが現代のコンピュータと同じく万能（universal）であることを証明したという論文は何度か発表されている（たとえば Hyötyniemi, 1996; Siegelmann & Sontag, 1991）。入力層ユニット数が十分に多ければ多くの記号を入力として受け付けることができ，中間層ユニット数が十分に多ければ多くの状態を定義できるので，出力層ユニットにテープヘッドを左右に移動させる，テープの内容を読み書きする，などの操作を割り当てれば，再帰型ニューラルネットワークがチューリングマシンと同等の能力を示しそうだということは，誰もが直感的には理解する。したがって万能チューリングマシンでもあろうと考える。ニューラルチューリングマシンという論文も発表された（Graves, Wayne, & Danihelka, 2014）。しかし，計算可能性の問題を考えることは重要ではあるのだが，チャーチ・チューリングのテーゼを受け入れるか否かという問題を孕んでいる。定義可能な関数ならば必ず計算可能であるとのテーゼを厳密に扱うためには，すべてのアルゴリズムは素数との1対1対応が可能であるなどといった有限の紙面で無限のアルゴリズムが計算可能かどうかを議論するごとき，出版には向かない議論へと向かってしまう。したがって，厳密な議論を経ずに以下のような言明を記述するのは危険であるのだが，人間の知的機能がコンピュータ上に実現できるのであれば，その機能は再帰型ニューラルネットワークでも記述できる。人工知能が実現できる機能はすべて再帰型ニューラルネットワークでも実現できる。再帰型ニューラルネットワークは脳のモデルでもある。我々の知能は脳で実現されており，その知能が再帰型ニューラルネットワークで構成されているのであれば，人工知能は実現可能である。

余談だが universal という単語は言語学では普遍と訳す。一方，計算機科学では万能と訳す。チョムスキー階層など計算機科学と言語学との間には共有される概念も多いのだが，日本では universal という単語を両分野で使い分ける。万能文法とか普遍チューリングマシンという言い方はない。

5・6・1 簡単な思考実験

ここでミンスキーら（Minsky & Papert, 1988）が指摘したパーセプトロンの限界について検討する。ミンスキーらはパーセプトロンが線形分離不能な問題を解くことができないことを指摘した。線形分離不能な問題の簡単な例は（Rumelhart & McClelland, 1986）にも挙げられている排他的論理和である。x_1 と x_2 という2つの命題があって，どちらかが真のときに真となるが，2つの言明は排他的で，両立しない。次表と図5・16に排他的論理和の真偽表と等価なグラフ表現を示した。グラフでは偽を0，真を1と表現することにした。こうすれば，このグラフ上で1本の直線では白丸と黒丸を分離することができないことが分かる。

一方，排他的論理和以外の論理，たとえば論理積や論理和であれば，1本の直線で2領域に分割することができる。ところが，論理和と論理積の問題を見れば，4つの問いのうち3つは論理和として回答し，$x_1 = x_2 =$

排他的論理和の真偽表

x_1	x_2	排他的論理和
偽	偽	偽
偽	真	真
真	偽	真
真	真	偽

別表現による排他的論理和の真偽表

	x_2	
x_1	真	偽
真	偽	真
偽	真	偽

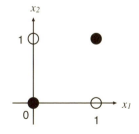

上表と等価な幾何学的表現。真を白丸，偽を黒丸で示した。

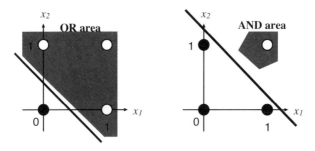

図5・16 論理和(右)と論理積(左)の幾何学表現

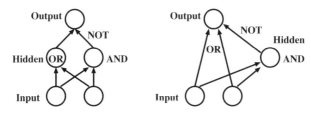

図5・17 排他的論理和を解く3層のニューラルネットワーク

論理和回路は中間層である必要がないのだから,入出力間に直接結合を仮定してもよい。

1という論理積が成り立つときだけ例外扱いをしてやればよいことが分かる。そこで中間層で論理和と論理積とを作り,論理積を扱う中間層ユニットから,出力ユニットへは否定,すなわち負の結合強度で結んでやれば,排他的論理和を解くニューラルネットワークができあがる。このことの意味として,高次交互作用項が中間層で表現されていると捉えることが可能である。これが逆にニューラルネットワークの強みである。入力データに応じて柔軟に基底を設定できれば,線形分離不能な問題を解くことが可能な場合が存在するからである。

5・6・2 対数線形モデル

ニューラルネットワークモデルを,入力データ集合 x から出力データ y への写像と捉えた場合 $((x_i, y_i), i \in 1, ..., m)$,中間層を構成するユニット群

は基底を作る。ただしユニット群の作るこの基底は直交基底ではない。排他的論理和問題を記述するためには，

$$p(\boldsymbol{y}) = \frac{1}{z}\exp\left(w_1 x_1 + w_2 x_2 + w_{12} x_1 x_2 + b\right) \tag{5.12}$$

と書くことができる。w_1 および w_2 は直接結合であり，w_{12} は中間層からの結合係数である。ここで

$$p(\boldsymbol{y}) = \frac{1}{z}\exp\left(w_{h_1} h_1 + w_{h_2} h_2 + b_h\right) \tag{5.13}$$

および

$$h_i = \frac{1}{z_h}\left(w_{i1} x_1 + w_{i2} x_2 + b\right) \tag{5.14}$$

なる関係でも記述できて $f(x_1 = 1 | x_2 = 1) = 1$ という論理和（OR）は h_i としても書くことができる。こちらは直接結合を許さない完全な層化の形になる。したがって，中間層を跨ぐ直接結合は，中間層の中に埋め込むことができると言える。一般形を考えれば，

$$\begin{aligned}p(y|\boldsymbol{x}) = \frac{1}{z}\exp\bigg(&\theta_0 + \sum_i \theta_i x_i + \sum_i \sum_j \theta_{ij} x_i x_j \\ &+ \sum_i \sum_j \sum_k \theta_{ijk} x_i x_j x_k + \dots\bigg)\end{aligned} \tag{5.15}$$

と記述することができる。したがって，ディープラーニングにおける多層化とは，対数線形モデルにおける高次交互作用を形成しやすいためであるという予想が成り立つ。第2層目で形成される3次の交互作用 $\sum_i \sum_j \sum_k \theta_{ijk} x_i x_j x_k$ は，1層からの入力を受けた上での方がフラットな3層パーセプトロンよりも形成されやすいのではないかという予想が成り立つ。テイラー展開の如き多項式近似においては各変数の単項次数のみが問題になるのに対して，式(5.15)は，各項の高次交互作用に注目する。各変数が2値

変数で，3次の交互作用の $x_1 = 1$ かつ $x_2 = 1$ かつ $x_3 = 1$ の場合のみ例外扱いするのであれば，$\theta s(x_1)(1-x_2)(x_3)$ において $\theta \neq 0$ とすればよい。

中間層は正規直交基底ではないため，すべての中間層ユニットが分散して貢献する。したがって全ユニットが全項目の計算に関与するため，役割の分担が生じにくく，多層化した場合に，この点でメリットが生じるのではないかと考えられる。

5・7 カリキュラム学習

ペントミノ（pentomino）とは古典的なビデオゲーム，テトリスに出てくる正方形を繋げた図形のことである。ペントミノには鏡影像が存在する。図5・18に示したように画面上に散りばめられた3つのペントミノの異同を判断するためには，心的回転などの操作を必要とする。入力画面中にランダムな位置に提示したペントミノの向きが同じか違うかを答えさせる課題においては，通常のバックプロパゲーションによる学習ではほとんど正解できない。このような回転普遍性，位置普遍性，拡大縮小普遍性（アフィン変換 affine transform）の概念の学習は，ニューラルネットワークにとって難しい課題であった。ところが先行学習としてペントミノを認識させるように下位層を訓練すると，ニューラルネットワークの認識性能は向上するという。ベンジオら（Bengio, Louradour, Collobert, & Weston, 2009）はこのことをカリキュラム学習（curriculum learning）と呼び，予めペントミノ

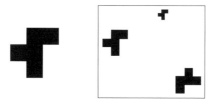

図5・18　ペントミノの例

左図を学習させた後3つのペントミノの異同判断をさせるカリキュラム。(Gulcehre & Bengio, 2013 を改変)

の学習が成立していないとペントミノの異同判断を学習することは難しいことを指摘した。この事実は，発達心理学，教科学習心理学に対して示唆に富む。

だが，ベンジオの論文を読んでも明確な理由は書かれていない。「カリキュラム学習」と名のついた特別な技法が開発されたわけではない。なぜそうするとペントミノの異同判断ができるようになったのかという問題と，一般にこうすればすべての学習は最適に進行するというカリキュラム学習が存在するかを同一視して考えられない。やさしい内容から次第に複雑な概念へと進むということであれば，教師やスポーツコーチなど，言わば誰でも知っていて，特別に新しいことではない。

再帰結合を許すニューラルネットワークモデル（単純再帰型リカレントネットワーク Simple Recurrent Network: SRN）に英文の単語予測課題を学習させると，関係代名詞を含む複雑な文章を最初から与えても学習できない。初めは関係代名詞を含まない単文でニューラルネットワークを訓練し，徐々に複雑な文章を加えていくと学習できることが，エルマン（Elman, 1991b, 1993）によって報告されている。エルマンの言う「小さく始める（starting small）」とカリキュラム学習とどこが異なるのか不明である。

どの課題を，いつ，どの程度，どう与えるのが最良なのかは，教科学習，発達心理学にとって大問題である。この問いに機械学習やディープラーニングから新しい示唆が得られるのなら大歓迎だろう。最初から複雑で困難な課題に取り組んでも失敗するので，初めは簡単な課題や仕事で訓練し，次第に工夫を重ねていけば，困難な課題もやがて解けるようになることは経験上誰でも知っている。そこで，知りたいのは初期の簡単な課題を解いている際に何が獲得され，後の複雑な課題を解く際にどのように役立ったのか，および，それを支える機構と心的操作を明らかにすることだろう。今後ニューラルネットワークを含む機械学習，計算論的知能に託された重要な課題であると考える。

バックプロパゲーションによる学習では破滅的干渉（catastrophic interference）あるいは破滅的忘却（catastrophic forgetting）が避けられない（McCloskey & Cohen, 1989; Ratcliff, 1990）。この現象は，経時的な学習に際し

て問題となる効果である。たとえば，リストAとリストBとの対連合学習を記憶する事態を考える。被験者（あるいは機械）がA-Bの刺激対を学習した後，別の刺激A-Cを学習した場合に，最初に学習したA-Bの刺激対がどのくらい記銘されているのかを調べる。新たに学習したA-C連合によってA-B連合が干渉を受けることは想像に難くない。しかし人間はA-B連合を完全に忘れ去ることはしない。たとえば，移民や海外赴任などで長期間外国に暮らした場合，どの程度母語を忘れるのだろうか。状況によっては完全に忘却する場合がありうるだろう。しかし，母語を完全に忘却するまでに要する時間と費やす労力は必要であろうことは想像に難くない。しかしバックプロパゲーションを用いたニューラルネットワークの場合，ほぼ完全に忘れてしまう。すなわち，新たな学習によって過去の事例が上書きされてしまって記憶痕跡が残らない。これを破滅的干渉あるいは破滅的忘却と呼ぶ。したがって，人間の記憶モデルとしてバックプロパゲーションによる学習を考えるのは無理がある。むしろ，それがゆえにバックプロパゲーションの示す破滅的干渉効果は，記憶障害，逆行性健忘（retrograde amnesia）との関連を指摘されてきた。バックプロパゲーションの学習能力は高いので（3・2節），あるいはその学習能力がゆえに，一旦学習した事項をほぼ壊滅的に忘却する。

　制限ボルツマンマシンによる多層化ニューラルネットワークで学習を行うと，学習の転移，他領域への伝播が可能になる。下位層は最上位層のバックプロパゲーションによる誤差の伝播の影響を受けない。最上位層に与える教師信号だけ入れ替えればよいので，破滅的干渉が生じない。この点はカリキュラム学習と親和しやすいと思われる。たとえば図5・19のように課題Aと課題Bとがあると考える。このとき課題Aを先に学習してから課題Bを学習する場合，学習のどの段階で，制限ボルツマンマシンを用いて，言い換えればどの層で情報を共有すると最適な成績となるのかを考えれば，図5・19のように3つほどニューラルネットワーク構成を思いつく。これらのうち，最適に学習が転移するのはどの課題からどの課題へなのだろうか。ノーベル賞を複数回受賞した人でも，異なる分野での受賞となると，平和賞を除けばマリ・キュリー以外存在しない。学習の転移

は難しいと考える方が安全であるようにも思える。数学を勉強すれば数学に必要な論理的思考は身に付く（だろう）。プログラミングの勉強をすればプログラミングに必要な論理的思考は身に付く（と思う）。だが，そうして身に付いた論理的思考が，実社会で成功するための論理的思考になるのだろうか（少なくとも本書の著者という反例が存在する）。チェスのグランドマスターが将棋の王将に勝ったというニュースも聞かない。分野が近くても，獲得した知識が転移することはむしろ稀なのではないかと思われる。それだけに，どうすれば転移が起こりやすくなるのかを問うことは，教育への応用を考える上で重要だろう。

　神経心理学，たとえば失語症の訓練では，患者は特定の対象の写真あるいは線画を提示され，その対象の名称を口頭で答えるか，紙に書くか，似た絵やカードを選んだりする訓練を受ける。刺激の種類や質と回答方法により患者の課題成績が異なることがある。この成績間の乖離をどのように説明するのかが神経心理学の課題の一つである。言語聴覚士の間で問題になるのは，どの写真や絵で訓練すれば，汎化が良く，忘れない言語訓練ができるのか，ということである。進行性の意味痴呆を伴う脳損傷患者では，訓練セットには正解できるが，まったく汎化しない。すなわち訓練した刺激にしか反応できない（一美・橋本・池田，2014）。進行性の意味性痴呆患者においては，時々刻々とすべてを忘れていくので，何か残せるものがあるとすれば，最大限の努力をしたいと考えるのは，患者本人のみならず，家族，医師，言語聴覚士，医療スタッフにとって切実であろう。

　以上のように，汎化を促進するためのカリキュラム学習として，国の根

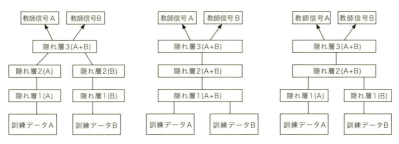

図5・19　最適なカリキュラム学習とはどのような構成なのか

幹をなす教育と，福祉の分野での上記の要請に機械学習から答えが得られるならば望ましいことである．ところが，現時点でのカリキュラム学習ではそのような要請に応えられるまでに精緻化できていないようだ（Bengio et al., 2009）．

5・8 黒魔法

シマードら（Simard, Steinkraus, & Platt, 2003）は，畳み込みネットワークを導入するときに，不可解な黒魔法（arcane black magic）は必要ないと宣言した．彼の言う黒魔法とは，慣性項（momentum），重み崩壊（weight decay）（Krogh & Hertz, 1991），重み消去（weight elimination）（Weigend, Rumelhart, & Huberman, 1990），重み先鋭化（weight sharpen）（French, 1991），構造依存の学習係数（structure dependent learning rates），平均化層（averaging layers），タンジェントプロップ（tangent prop）などを指す．それらの代わりに，畳み込みネットワークが推定すべきパラメータの数を減らし，成績が向上することを示した．だが，未だ黒魔法は除去されていない．

ネイアとヒントン（Nair & Hinton, 2010）は，整流線形ユニット，ミニバッチ（mini-batch）という黒魔法を導入した（Dahl, Sainathy, & Hinton, 2013; Krizhevsky, Sutskever, & Hinton, 2012）．整流線形ユニット以外にも，マックスアウト（maxout）（Goodfellow, Warde-Farley, Mirza, Courville, & Bengio, 2013）による区分線形関数によって過学習（overlearning, overfitting）を避ける手法も提案されている．

5・8・1 整流線形ユニット

整流線形ユニット（おそらく日本語の定訳は未だない．原語は rectified linear units で ReLU と略される）とは，ネイアとヒントン（Nair & Hinton, 2010）が導入した出力関数である．数式で表現すれば，

$$f(x) = max(0, x), \tag{5.16}$$

である。入力が負の場合は 0 とし，正のときのみ線形出力を行う。ネオコグニトロンが同じ出力関数を用いていることは既述した（3・1節）。整流線形ユニットを導入した理由として，グロロートら（Glorot, Bordes, Bengio, 2011）は「皮質ニューロンは飽和するほどまで発火するのは稀である」と述べた。しかし，その理由は飽和領域を取り去る理由にならない。なぜなら，不応期の存在によって実際のニューロンの発火頻度には限界が存在する。この制約を取り去る理由が滅多に起こらないなら，滅多に起こらないという理由で残しておいても不都合はない。確かに線形出力では負の出力（負の発火）という現実には起こらない事象を仮定することになるので，解釈に困難が伴う。だがロジスティック関数（$f(x) = 1/(1+\exp(-x))$）も正の値しかとらないし，原点近傍では線形である。だとすると，整流線形ユニットに積極的な根拠を見出すのが難しい。彼らは整流線形ユニットは疎表現（sparsity representation）を実現しやすいとした。疎性原理の長所として，(1) 情報解放（Information disentangling），(2) 効率的な変数サイズの表象（Efficient variable-size representation），(3) 線形分離性（Linear separability），(4) 疎だが分散（Distributed but sparse）していること，を挙げた。しかし，これら長所があることと，生理学的妥当性とは別物であろう。これらは整流線形ユニットを採用する理由であるが，ロジスティック関数を否定する理由にはならない。整流線形ユニットは原点において不連続であるので，微分不能である。折衷案として式 (5.17) で定義されるソフトプラス（softplus）関数も提案されている。

$$f(x) = \log(1 + e^x). \tag{5.17}$$

整流線形ユニットとソフトプラスとの差異を図 5・20 に示した。

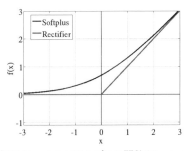

図5・20 整流線形ユニットとソフトプラス関数 (Glorot et al., 2011, 図2より)

5・8・2 マックスアウト

マックスアウトは，ベンジオら（Goodfellow et al., 2013）によって導入された一般化向上の技法である。マックスアウトはドロップアウトと語尾が重なって語呂が良い（と論文中に書いてある）。入力 $x \in \mathbb{R}^d$ に対して中間層ユニットの出力値を式 (5.18) のように定義する。

$$h_i(\bm{x}) = \max_{j \in [1,k]} z_{ij}, \tag{5.18}$$

ここで $z_{ij} = x^T \bm{W}_{\cdots ij} + b_{ij}$, $\bm{W} \in \mathbb{R}^{d \times m \times k}$ かつ $\bm{b} \in \mathbb{R}^{m \times k}$ である。ストーン・ワイヤーストラスの近似定理（Stone-Weierstrass approximation theorem）から，任意の連続関数は連続的に区分線形（continuous piecewise linear）関数によって近似可能である。すなわち任意の $\epsilon > 0$ に対して任意の連続関数 $f(x)$ は連続的に区分線形関数 $g(x)$ によって $|f(x) - g(x)| < \epsilon$ が成立する。すなわち k 個のカーネルからなる畳み込みネットワークは普遍近似機である（普遍近似機定理 universal approximator theorem）。ただし $\epsilon \to 0$ ならば $k \to \infty$，すなわち完全に近似しようとするのであれば，無限個の区間に分割しなければならない。k 個のアフィン特徴地図を持つ畳み込みネットワークを既述のドロップアウトで訓練する場合，ドロップアウトではランダムにユニットを落ちこぼれさせた。しかしマックスアウトでは最大値を与えるユニットはドロップアウトしない。1つのマック

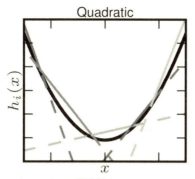

図5・21 マックスアウトの概念図（Goodfellow et al., 2013, 図1より）

スアウトユニットは任意の凸関数を区分的線形近似を行うと解釈できる。マックスアウトは中間層ユニット間の関係だけでなく，各隠れ層ユニットの活性化関数を学習することに相当する（図5・21）。先述のマックスプーリングは，受容野内のカーネルのうち最大値となるユニットの値を保持する（プールする）のに対して，マックスアウトは最大値そのものを出力する関数近似機である。マックスアウトによって計算が簡便になることは事実である。だが，関数近似機としての一般性は3層パーセプトロンが持つ性質であり，マックスアウトが特別である計算論的な理由はない。マックスアウトで，kの個数決定に関して定める一般的な規準も存在しない。

5・8・3 ミニバッチ

ヒントンによれば（http://www.cs.toronto.edu/~hinton/absps/guideTR.pdf），大規模なデータセットを1つのニューラルネットワークに学習させるより，訓練データを分割し個別に学習させ，後で結合させた方が効率が良い。ビッグデータを扱う場合GPU（Graphics Processing Unit）を用いて並列計算させることになるが，GPUを利用するための方便であると思われる。これをミニバッチ（mini-batch）と呼んだ。分割した各データセットが偏っていては意味がないので，認識すべき全ラベルを各ミニバッチに含める必要がある。ただし，ミニバッチに生理学的な意味，神経学的な根拠を求

められるかは別問題である。人間の記憶は全訓練データを見通す程の容量がなく，記憶容量の制約から学習は少数のデータに基づいて起こるという考え方をとれば，人間の学習過程と対応すると言える。しかし，そのような言及は未だないようだ。

　以上の黒魔法は今のところ，こうすると計算が簡便になったり，成績が向上したからという理由のように見える。バックプロパゲーション (Rumelhart et al., 1986) の提案から定式化 (Bishop, 1995) までに時間を要したように，これらの黒魔法が整理され定式化されるまでには，なお時間が必要なのだろう。

　ディープラーニングを用いて認識機械を作るとき，何層にすればよいのか，というのが最大の疑問だろう。ヒントンはこれを，「人工知能のプログラムを書くのに何行必要かと言う問いと同じく愚かな（silly）疑問だ」としている (http://www.cs.toronto.edu/~hinton/nipstutorial/nipstut3.pdf)。ディープラーニングは自由度の高いモデルである。解くべき課題に応じて最適な層数は異なる (Sutskever & Hinton, 2007)。変分法を用いて境界を求める試みがジョーダン (Jordan, Ghahramani, Jaakkola, & Saul, 1999) によって成されているので，多層化した場合に有利に働くことは言える。また経験則ではあるが，ベンジオらのグループ (Erhan et al., 2010) は，教師なしの事前学習による多層化を行うと，性能が向上したと報告している。とは言え，実際に何層必要なのかという問いを，どうしても発したくなる。今のところ，性能が出るまで多層化するとしか答えようがない。制限ボルツマンマシンによる多層化は特殊なデータを特別扱いできる柔軟性を持っているとは言えるだろう。制限ボルツマンマシンによる多層化では非線形項も扱えるので，「ニワトリは鳥だが飛べない」程度の例外でなく「カモノハシは哺乳類だが，卵生である」ような例外中の例外も必要に応じて処理できるということなのだろう。

　ディープラーニングでは層内結合を仮定しない。また層を飛び越えた結合も存在しない。層を飛び越えた結合に関しては，層内の結合で代替できるので，大きな問題とはならないと考える。すなわち，入力をそのまま出

力とするような何もしない中間層ユニットを仮定すれば，層を飛び越えた結合と等価になるからである．層内結合によって，自己組織化写像から特徴地図が形成されると考えれば，層内結合は必須である．ヒントン自身が制約を緩めた制限ボルツマンマシンを提案していた時期もあった．ディープラーニングの最大の目標は多層化することで処理能力が向上することを示すことであった．したがって，層内結合を含む脳内過程を忠実に描写することを最大の目的とはしていない．多層化の意味を記述することに専心し，他の現象は一旦保留したものと捉えられる．初期視覚過程では，網膜地図（レティノトピー retinotopy）と呼ばれる網膜上での位置を保存する形で視覚野が形成されている．リンスカー（Linsker, 1988, 1997）の情報量最大化やトポロジカル独立成分分析（Hyvärinen et al., 2001）は，その背景を与える理論と捉えることも可能である（図5・10）．

　先述したが，ディープラーニングがサポートベクターマシンに勝てた理由は，生成モデルを採用したことで，データの統計的情報に基づいた非線形項，高次交互作用項の導入が可能となり，精度が向上したことによると思われる．これは判別モデルでは不可能に近い．ディープラーニング排他的論理問題が次元を付加することによって線形分離可能な問題となったように，高次交互作用を含む非線形項を適切に導入することで複雑な問題に対処する処方箋と見なしうる．最終層においては教師あり学習を行うので，

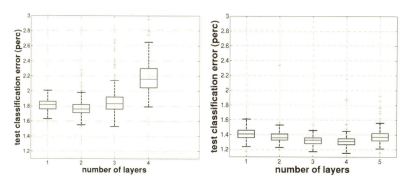

図5・22　教師なしの事前学習を行わないで多層化した場合の分類誤差（左）と事前学習を行った場合の分類誤差（右）（Erhan et al., 2010, の図1を改変）

第5章　ディープラーニング

この部分については過学習の問題が解決されていないと考えられるが，意味付けしやすいようなデータに対しては有効に働くということなのだろう．ドロップアウトは正則化と同じと見なしてよいので，適切に導入する必要がある．ただし，ドロップアウトだけを特別視する理由も今のところ存在しない．今後他の方法が開発される可能性はあるだろう．

ディープラーニングをいい加減だと見なすか，柔軟性に富むと見なすかは，依って立つ立場に依存する．定式化が十分ではない理由の一つは，ディープラーニングが生成モデルであるからだ．生成モデルとして確率論的に振る舞うことにより，ディープラーニングはサポートベクターマシンの特徴であるマージン最大化すら学習可能であると思われる．データとパラメータの組を適切に与えれば，サポートベクターマシンとディープラーニングとは同じ解を与えるものと考えられる．結局ディープラーニングであっても，ノーフリーランチ定理（no free lunch theorem）（Wolpert & Macready, 1997）から逃れることはできない．タダの昼メシはないのだから，どのような課題であっても，その課題に応じた最適化が必要となる．ただし，ディープラーニングは解くべき課題の特徴を捉えるための柔軟さは持ち合わせているのであろう．

最後に，複雑な現象をモデル化しようと試みれば，以下の3種類のアプローチが可能である．

1 **混合モデル**（mixture models）　ガウシアンカーネル，動径基底関数，エキスパート混合モデルなどがこれに含まれる．現象を単純なモデルの荷重和として記述する．

2 **積和モデル**（product models）　複数の密度関数の絨毯として表現されるモデルの総称である．最終的な解を得るために規格化が必要になる．

3 **成分モデル**（composition models）　潜在変数を仮定し，現象はこれらの潜在変数から生成されると見なすモデル．制限ボルツマンマシンはデータを非線形化して縮約，復元可能な成分モデルと見なすことができる．

これらは同じ現象の異なる側面であり，相互に翻訳可能な場合もある．組

み合わせたモデルも存在する（Nair & Hinton, 2008）。現時点では成分モデルの一つであるディープラーニングがステートオブジアーツなアルゴリズムであるが，今後もそうあり続ける保証はない。しかしディープラーニングは回帰，分類を扱う一里塚となった進歩である。人間の脳の処理モデルとしても一考の余地がある。この意味での認識は，理系文系の区別なく議論されるものだと考える。

第6章 ビッグデータの心理学的解釈

> 数学の問題の重要性を誇張することは不可能だ … 数学のすべての新しい発見は，問題を解決するための試みから生じる。
> —— ハワード・イブ

先に触れたとおり（第2章），ドナルド・ヘッブによって提唱された学習規則，ヘッブ則（Hebbian learning rule）を確認しておく。ヘッブ則とは「細胞Aの軸索が細胞Bを興奮させるために十分近く，繰り返し，恒久的に発火するのであれば，代謝による変化が生じ，AのBを発火させる効率は上昇する」というものである（Hebb, 1949）。脳の深部にある核のニューロンを除いて，ニューロンは大脳皮質，小脳皮質表面に分布している。皮質表面は2次元であるから，入力刺激を2次元の皮質表面上に附置させるというアイデアが自己組織化写像マッピングである。このモデルは教師なし学習で，入力刺激の統計情報に基づいて2次元附置を得る。乱数で初期化された2次元格子上のユニットは1つの刺激について最も類似した（最も活性化した）ユニットだけが，周辺のユニットと共に当該刺激の特徴を学習していく。最も類似するユニットだけが活動することから勝者占有回路（Winner takes all circuits）と呼ぶ過程を経て，入力刺激の統計構造の2次元写像を学習する。

統計学的な意味では，トーガソン（Torgerson, 1952, 1965）の多次元尺度構成法（Multi-Dimensional Scaling: MDS）や，主成分分析（Principal Components Analysis: PCA ピアソン（Pearson, 1901）に遡ること

図6・1　ドナルド・オールディング・ヘッブの肖像

ができる(http://pbil.univ-lyon1.fr/R/pearson1901.pdf),特異値分解(Singular Values Decomposition: SVD)との関連が深い。これらの統計手法がデータを処理する際に,メモリ上にすべてのデータを保持しておかねばならないのに対して,ニューラルネットワークによる解法では一度に1データだけを処理する。したがってシステムに要求されるメモリ負荷が少ない。この意味では,ビッグデータ解析に適すると言える。

6・1　固有値問題のニューラルネットワーク的解法

オジャ(Oja, 1982, 1992; Oja & Karhunen, 1985)によって開発されたアルゴリズムは,入力情報の固有値問題を解くニューラルネットワーク的解法であり,サンガー(Sanger, 1989)の方法は入力データから複数の固有値を逐次的に取り出す解法である。主成分分析や因子分析(Factor Analysis: FA)が固有値問題(Eigenvalue Problem)を解くことに帰結することから,これらの手法と直接結びついている(C・6・6節参照)。このことから,ビッグデータ,データマイニングへの応用が検討されてきた。

ヘッブ則を使うと,シナプスの結合係数が最大固有値に対応する固有値ベクトルの方向と一致することが証明できる。自己組織化写像アルゴリズムにおいて出力を y,入力データ行列を $\boldsymbol{X}$,入力ベクトルにかかる結合係数ベクトルを $\boldsymbol{w}$ と表記すれば,$y = \boldsymbol{Xw}$ と表現できる。ここで $\boldsymbol{w}$ を更新することを考える。単純にヘッブ則では $\boldsymbol{w}$ の各要素は際限なく大きくなってしまう。そこで $\boldsymbol{w}^T\boldsymbol{w} = 1$ のようなラグランジェ乗数(Lagrange multiplier)を用いれば,

$$\Delta \boldsymbol{w} = \eta \left(\boldsymbol{I} - \frac{1}{n} \left(\boldsymbol{X}^T \boldsymbol{X} \right) \right) = \boldsymbol{0} \tag{6.1}$$

を解くことになる。式(6.1)は固有値問題そのものである。したがって,オジャ則は固有値問題のニューラルネットワーク的な逐次解法と見なしうる。換言すれば,オジャ則を使えば固有ベクトルが1に規格化される。ザ

ンガー則は,オジャ則に従って取り出された固有値成分と異なる成分を逐次的に取り出すアルゴリズムである。ザンガー則を使えば,望むだけ固有ベクトルを絶対値が大きい順に取り出すことができる。

自己組織化写像は,多次元刺激として与えられる情報を,その刺激が持つ規則性に従って 2 次元の皮質上へ照射する対応問題と見なすことができる。すなわち入力層の多次元多様体から 2 次元部分空間への写像である。

通常の意味での主成分分析では列方向に変数 (p),行方向にデータ数 (n) となる行列を仮定する ($X = (x_{ij})$, $(1 \leq i \leq n, 1 \leq j \leq p)$) ことが多いが,ここではニューラルネットワークとの関連を考え,通常の意味でのデータ行列の転置を入力データ行列 X とする ($X = (x_{ij})$, $(1 \leq i \leq p, 1 \leq j \leq n)$)。

主成分分析とは,適当な線形結合

$$\begin{aligned} y_1 &= w_{11}x_1 + w_{12}x_2 + \cdots + w_{1p}x_p \\ &= Xw_1, \end{aligned} \quad (6.2)$$

によって合成変量 y を最大化するベクトル w を見つけることである。このことは線形数学では,固有値問題を解くことと同義である。合成変量 y の分散を最大化するには,データ行列 X の分散共分散行列の最大固有値に対応する固有ベクトルを求めればよい。x は素データからその変数の平均を引いた平均偏差ベクトルであるとすれば,素データベクトルを $x^{(r)}$ として

$$x = \left[I - \mathbf{1}_n \left(\mathbf{1}_n^T \mathbf{1}_n \right)^{-1} \mathbf{1}_n^T \right] x^{(r)}, \quad (6.3)$$

と表される。

6・2 パーセプトロンモデル

X は入力データセットで,p 個のユニットからなる入力層に与えられ

る n 個のサンプルデータであると考える．これらのユニットから m 個の出力層ユニットに全結合しているモデルを考える．簡単のため出力層のニューロンが1個しかない場合（$m=1$）を考えると，k 番目の入力パターンに対する出力層ユニットの出力は以下の式，

$$y_k = \sum_{i}^{p} w_i x_{ki} = (\boldsymbol{w} \cdot \boldsymbol{x}_k), \tag{6.4}$$

に従う．すなわち線形出力ユニットを考える．ここで，w_i はパターン k が与えられたときの i 番目の入力層ユニット $x_{ki}(1 \leq i \leq p, 1 \leq k \leq n)$ と出力層のユニットとの結合係数である．パターン k が与えられたときの i 番目の入力層ユニットから出力層ユニットへの結合強度 w_i が式 (6.5) のようなヘッブ則

$$\Delta w_i = \eta y_k x_{ki}, \tag{6.5}$$

を用いて更新されたとすると，w_i の漸化式は以下のようになる．

$$\begin{aligned}\Delta w_i(t+1) &= w_i(t) + \Delta w_i = w_i(t) + \eta y_k x_i \\ &= w_i(t) + \eta \sum_{i}^{p} w_i x_{ki}, \text{ (for all } k)\end{aligned} \tag{6.6}$$

w_i をまとめて w とベクトル表現すれば

$$\Delta \boldsymbol{w}(t+1) = \boldsymbol{w}(t) + \Delta \boldsymbol{w} = \boldsymbol{w}(t) + \eta \left(\boldsymbol{x}_k \cdot \boldsymbol{w} \right) \boldsymbol{x}_k \tag{6.7}$$

である．

学習が成立（収束）した時点での Δw は 0 になる（すなわち結合係数の更新が行われない）ことが期待されるので，全入力パターンの平均を考えて

$$0 = \frac{1}{n}\sum_{k=1}^{n}\Delta w^{(k)} = \eta\frac{1}{n}\sum_{k=1}^{n}\left(w\cdot x^{(k)}\right)x^{(k)} = \eta\frac{1}{n}X^T X w , \tag{6.8}$$

が成り立っていなければならない。ところが $X^T X$ は実対称行列であり，固有値はすべて正で固有ベクトルは直交する。すなわちヘッブの学習則では有限回の学習によって解が求められない（実際には最大固有値に対応する固有ベクトルの方向に際限なく大きくなっていく。すなわち 0 以外に解がない）。

そこで式 (6.5) を修正して

$$\Delta w_i = \eta y_k (1 - y_k) x_{ki} \tag{6.9}$$

のように変形する。これにより結合強度ベクトルは最大固有値の方向を向き，かつ収束することがオジャ (1992, 1985) によって証明されている。すなわちヘッブ則を使った自己組織化写像アルゴリズムを用いて，入力データの統計的な性質をネットワークに学習させることができる。

X が二重中心化されていれば，ランク $(X) = p - 1$ が保証されることになる。

$$X^T X = \left(P_M^\perp X P_M^\perp\right)^T \left(P_M^\perp X P_M^\perp\right) = L\left(X^T X\right) - L^\perp\left(X^T X\right) . \tag{6.10}$$

ここで，すべての要素が 1 であるベクトルへの射影演算を $L(\cdot)$ と表した。直交射影行列の固有値は常に 1 であることを考慮すると，式 (6.8) の固有値問題は

$$w = X^T X w \tag{6.11}$$

となって，$X^T X$ に対応する固有ベクトルを求める問題となる。さらに X がヤング・ハウスホルダー（Young-Householder）変換によって二重中

心化されていれば，ヘッブ則によって得られる解と古典的多次元尺度構成法（Torgerson, 1952, 1965）の解とが一致する．

出力 x の分散を考えれば

$$\frac{1}{n}\sum_{k=1}^{n} y_k^2 = \boldsymbol{w}^T \boldsymbol{X}^T \boldsymbol{X} \boldsymbol{w}, \tag{6.12}$$

である．ここで $(\boldsymbol{w}\cdot\boldsymbol{w}) = 1$ の条件のもとで x の分散を最大化することを考える．$\boldsymbol{w}$ はラグランジェ乗数 λ を用いて

$$E = \boldsymbol{w}^T \boldsymbol{X}^T \boldsymbol{X} \boldsymbol{w} - \lambda\left(\boldsymbol{w}^T \boldsymbol{w} - 1\right), \tag{6.13}$$

を w で偏微分して 0 と置いた式

$$\frac{E}{\partial \boldsymbol{w}} = 2\boldsymbol{X}\boldsymbol{w} - 2\lambda \boldsymbol{w} = 0, \tag{6.14}$$

を解いて

$$\boldsymbol{X}\boldsymbol{w} = \lambda \boldsymbol{w}, \tag{6.15}$$

が平衡状態で成り立つことになる．式 (6.15) は式 (6.11) と同じ形をしている．ここで

$$\lambda = \boldsymbol{w}^T \boldsymbol{X} \boldsymbol{w} = \boldsymbol{w}^T \lambda \boldsymbol{w} = \lambda |\boldsymbol{w}|^2, \tag{6.16}$$

となるので，$|\boldsymbol{w}| = 1$ が証明された．

出力ニューロンが j 個 $(1 \leq j \leq m)$ の場合は，

$$\Delta \boldsymbol{w}_{ij} = \eta \boldsymbol{y}_j \left[\left(x_j - \sum x_k w_k\right)\right] \boldsymbol{x}_i, \tag{6.17}$$

を用いて更新すればよいことがザンガー（Sanger, 1989）によって示され

た．ザンガーの考え方は，グラム・シュミットの直交化（Gram-Schmidt orthogonalization）をそのままニューラルネットワーク上で実現したものと捉えることができる．

6・3　潜在意味分析

　潜在意味分析（Latent Semantic Analysis: LSA）は，ランダウアとドュマス（Landauer & Dumais, 1997）が開発した文書から意味を抽出する処理手法である．潜在意味分析は，知る限りビッグデータから意味を引き出し，かつ，その過程が人間のモデルでもあると主張した先駆けである．端的に表現すれば，潜在意味分析とは特異値分解による次元圧縮のことである．1988年アメリカ合衆国で潜在意味分析の特許が取得されている（US Patent 4839853 http://patft.uspto.gov/netacgi/nph-Parser?patentnumber=4839853）．ビッグデータを用いて，局所的共起関係から得られた知識を適用すれば，潜在意味分析の性能は小学生に匹敵する英語の語彙知識を獲得した．潜在意味分析は事前知識を必要としないデータのみに立脚した客観性がある．潜在意味分析は単に事物と文脈とを表現する適切な次元数（およそ300）を抽出することで，小学生程度の語彙判断能力を実現した．

　ランダウアは論文中で潜在意味分析とニューラルネットワークの類似に触れている．潜在意味分析は，文書層，中間層，インデックス層，の3層パーセプトロンに喩えることができる．ただし，結合は双方向であり，文書からインデックスの検索という正順の処理に加えて，インデックスから特定の文書を検索する逆順の処理が可能なニューラルネットワークである．入力に用

図6・2　トーマス・ランダウアの肖像

2014年3月16日逝去．潜在意味分析開発という顕在的意味のある人生だった．

いる文書は，文，段落，記事，など種類を選ばない。各文書に出現した単語の生起頻度がデータとなる。したがって，語順，語の活用，文法知識は不要である。ある任意の文書に出現したある単語が出現した場合1を，出現しなければ0を与えることに約束すれば，すべての単語を考慮して1本の多次元ベクトルが構成できる。このベクトルの各要素はその文書の中にどのような単語が使われていたかを示すベクトルである。すなわち語順や文法情報を無視して単語の存在，あるいは不在だけを問題とする。ビッグデータでは意味が同じ文書では同じような単語が生起しやすいと考える。このような文書のベクトル表現は，最近用いられているテキストデータ処理の先駆者と見なしうる。すなわちランダウアによってビッグデータの文書処理，テキストマイニングの道が開かれた。

　図6・3に，潜在意味分析の概念図を示した。図中左辺の行列 X はデータ行列である。w 行 c 列からなる行列で，行方向に単語が並んでいる。出現する可能性のある全単語数だけ行数がある。すなわち w は単語数を意味する。行列 X の1列は1つの文書（文脈）を表している。すなわち，処理すべき文書数だけ列数が存在する。列数を c とする。英語を母語とする人であれば，語彙数は 10^4 から 10^5（数万語から十数万語）であり，毎日新聞を読んでいれば，1つの記事を読むたびに1列増えていくので，X の次数はビッグデータになる。出現する単語の順番を問わないのであるから，行の単語の並びに意味はない。同様に，どの記事から読み始めたかの情報も捨て去るので，列の順番にも意味はない。M 番目の文書に N という単語が現れれば，X の N 行 M 列目は1となる。特異値分解を用いることにより任意の矩形行列（行と列の数が異なる行列）は，3つの行列の積に分解できる。左から順に WMC と呼ぶことにする。2番目の行列 M は m 行 m 列の正方行列である。かつ，対角要素にしか値が存在しない対角行列である。ランダウアは潜在意味分析3層パーセプトロンに喩えたが，3層パーセプトロンの中間層ユニット数の個数は任意に決めてよい。これに対応して，行列 M の次数 m は何個でもよい。M の対角要素がすべて1である単位行列であれば，データ行列は単に2つの行列の積 $X = WC$ となる。逆に言えば，この意味行列 M が意味の重みづけを表

現している．さらに行列 W と C とは直交行列である．すなわち $W^T W = I$ であり，$CC^T = I$ となる．数学用語で C は行列 X の右特異値ベクトルからなる基底をなす正規直交行列であり，W は行列 X の左特異値ベクトルからなる基底となる正規直交行列である．対角行列 M の各成分のことを特異値と言う．特異値分解の詳説と工学的応用については伊理・児玉・須田（1982）の論文がある．

　行列の特異値分解の意味付けの一つとして，行列の近似が挙げられる．W と C は変えずに特異値を絶対値の大きい順に残してそれ以外を無視すれば，元の行列の近似行列が構成できる．ランダウアは，300 の特異値を残せば人間の意味次元をデータから再構成できると考えた．

　特異値分解を求める計算手順はそれほど複雑ではないが，省略する．昨今の統計パッケージにはほとんど特異値分解が実装されているからである．ある種のニューラルネットワークモデルと異なり，特異値分解の手順を暗箱化しても問題は生じない．特異値分解によって任意の行列が分解可能であることには数学的証明が存在し，特異値分解を求める計算手順が存在するからだ．

　ランダウアは潜在意味分析によって語彙獲得，単語のカテゴリー判断，文章，単語の意味プライミング，談話理解，文章の質の判断に応用可能だとし，自身は，標準語彙検査，主観度検査，語彙並べ替え課題，カテゴリー判断課題，単語−単語プライミング実験，句−単語プライミング実験に対する説明を試みた（Landauer, Foltz, & Laham, 1998）．また，(1) 単語の類

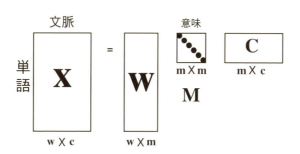

図6・3　潜在意味分析における特異値分解の適用

似性判断，(2) 文書の類似性判断，(3) 多肢選択課題における人間の判断基準，(4) 文章の理解しやすさの指標，(5) 語彙プライミング実験におけるプライム量，(6) 文章の質や程度を示す指標，(7) マニュアル，技術文書の分かりやすさ，(8) 類義語，反対語の判断，なども可能だとしている。一旦潜在意味分析を行うと，新たな未知の文書を入力することで，過去に処理した文書と類似の文書を探すことができる。

　特異値分解のニューラルネットワークによる解法としては，ゴッレル(Gorrell, 2006) がある。ゴッレルのアルゴリズムはザンガー則の変形によって特異値分解の解を求めるものである。したがって自己組織化写像との関連も指摘できる。ディビスら (Davies & Smith, 2004) も別解を提案した。ただし特異値分解は数学の操作であり行列の近似である。心理モデルであると主張する根拠は結局ヘップ則やその変形則が生理学的に妥当か否か，神経学的対応物を考えうるか否かによる。その点ブランド (Brand, 2006) のアルゴリズムは1回限りの計算で特異値分解の解を近似するアルゴリズムなので，心理モデルと見なすこともできる。さらにはビッグデータの取り扱いに優れると解釈可能である。

　潜在意味分析は，どんな類似度も計算できてしまうという利点とも欠点とも判別しがたい側面を持つ。たとえば「ダイヤモンドとトラックはどちらがキャベツに近いか？」などの人を小馬鹿にしたような質問にも，潜在意味分析は答えを与えてくれる。どんな文章でも類似度を計算できてしまうことにより，逆に比喩の理解モデルと考える人たちもいる。

　図6・4に，潜在意味分析による類義語テストの正解率を示した。5割を超える程度の正解率でよいのか，およそ300次元という潜在意味次元数を多いと見なすべきか少ないと見なすべきか，といった問題は残る。図6・4を見ると次元数を増やしすぎると類義語判断課題での正解率が低下する。ニューラルネットワークによる過学習と同類のことが起こったと推察できる。先述のとおり潜在意味分析には文法知識も事前知識も仮定されないので，テストの成績は用いたデータ行列にのみ依存する。

　逆言すれば，一次近似としては6割説明可能であれば十分だとも言える。ピアジェが認知発達を描写したのと同様に，ランダウアは意味の意味

をビッグデータの解として素描して見せた。ランダウアの功績がなければヒントンの自動符号化による精緻化（図5・9）もなかった。すなわちランダウアはビッグデータ，機械学習の開拓者であり実践家だった。彼は因果関係を不問にし，共起関係だけを問題にしたから解に到達しえたとも言える。プラトン問題（ランダウアの論文の標題でもある）に対する答えを実証的に明らかにしようとした態度はアリストテレス的とも言えるだろう。

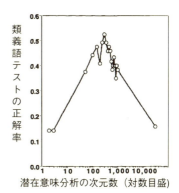

図6・4 潜在意味分析による類義語テストの正解率（Landauer & Dumais, 1997, の図3を改変）

6・4　ビッグデータ特異値分解のマーケティングへの応用

　先述の潜在意味分析では，入力データが文書であった。扱うデータを文書に限定したのは，脳のモデルとして潜在的な意味を仮定しているからである。しかし話を機械学習に拡張すれば，データは文書である必要はない。どのようなデータでも扱うことができると考えれば，マーケティング戦略が導き出せる。
　ユーザの個人情報，購入履歴，さらに，商品の属性，評判，価格，評価など一切を特異値分解する。そうすると顧客は似たものを購入する傾向があるし，同じものを購入した他の顧客の履歴と比較して何が異なるのかを仮想的な意味次元上で比較することができる。似た商品をオススメしたり，関心のありそうなコミュニティへ誘導したりする。昨今のネットショッピングやソーシャルネットワークサービスで行われていることは，ほとんどこの特異値分解を応用したものである。オススメ商品の「今後表示しない」チェックボックスにチェックしたときにペナルティをどの程度にすると購買予測が向上するのかまで含めた特異値分解を行ってマーケティング

を行う。商品検索履歴も，特異値分解のデータとして扱う。何をどの程度重みづけるかによって精度は異なる。これがオンラインマーケティングの正体である。

　ヨシェア・アブ＝モスタファは，特異値分解による予測について一般向けの解説を書いている（Abu-Mostafa, 2012）。彼はカリフォルニア工科大学のニューラルネットワーク，機械学習の専門家で，アパレルの専門家ではない。彼が特異値分解を用いてデータだけからオススメの衣服を提案した結果，専門のスタイリストを上回る結果となったと書いてある。一般向けの科学書（サイエンティフィック・アメリカン）なので洒落た文で結んでいる。「データ量と機械学習の重要性はさらに増大すると予測する。信じて欲しい，予測は私の専門だ。」（日経サイエンス2013年2月号に邦訳記事がある「あなたの好み探します　実力高まる人工知能」）

第 7 章 心理学の現し世

> 知ってのとおり 364 日非誕生日が存在し，
> 1 日だけ誕生日が存在する
> —— ルイス・キャロル

　ディープラーニングがもたらしてくれたものは，多階層化への道である。バックプロパゲーションは下位層への誤差の伝播に何の制約も課さないので，誤差が全下位層の全ユニットに拡散する。したがって，むやみに多層化したネットワークに誤差を逆伝播させても性能が得られるとは限らなかった。この点は事前学習すなわち制限ボルツマンマシンを用いて各層ごとに学習を行い，認識のために必要となる教師信号との誤差の最小化は最終層のみで行うことで改善されることとなった。

7・1 表象問題

　ニューラルネットワークあるいは PDP モデルがもたらしてくれたもう一つの恩恵は，ボックスアローモデルで表現されていた各概念が並列分散して表象される点である。処理が並列分散して行われるだけでなく，ボックスとして表象されていた各概念を分散させたことである。これにより，各概念内部での競合，協調を問うことが可能となった。

　バックプロパゲーションが心理学にもたらした影響は，「内部表象」を問えるようになったことにある。他にも理由があるが，記号主義的人工知能が主流であった 1980 年代に記号処理では扱いきれない人間の認識を，脳の神経細胞を模した処理ユニットとその結合による並列計算で乗り越える道を開いた功績は大きい。

だが，ディープラーニングによって心理モデルとは呼べなくなってしまった点もある。羽と飛行機の問題である。人間は羽の特性を調べることによって空力学的性質を理解するようになり，やがて，飛行機の発明へと至る。実現された飛行機においては，羽の役割と駆動系が明確に分けられて実装されることとなり，もはや羽ばたく必要はなくなった。実装は別なのであるから，飛行機の故障診断から，羽に還元できることはもはやない。同様にして，ディープラーニングのパフォーマンスから人間の処理特性を問うことが難しくなっている。

一例を挙げる。大規模画像認識チャレンジ（ILSVRC2012, 2013, 2014）の結果は，まだまだ人間に及ばないように見えるかも知れない。分類課題だと全画像中で最低のエラー率が 0.08 程度であるから 8% 程度は間違える。ところが，画像を調べてみると，人間でも正解できないような，だまし絵やヒッカケ画像がある。特に神経心理学的知見との対比で重要なのは，通常とは異なる視点からでも画像が認識できてしまうことである。視覚失認にはいくつかの種類があるが，ウォリントン（Warrington, 1982）のレビュー以来，通常とは異なる視点からでは対象が認識できない変換型失認（transformational agnosia）患者（ハンフリーズ・リドック，1987/1992, p.191）が存在する。責任病巣は右頭頂葉と考えられている。この種の患者は，通常と異なる視点の画像を認識する際に困難を示す。この特性を凌駕したニューラルネットワークは羽に喩えるべきなのか，飛行機なのか，判断が難しい。

7・2 生物学的妥当性

制限ボルツマンマシンにおいては，n 層目入力が $n + 1$ 層目への出力となり，この層間の結合を学習した上でないと $n + 1$ 層を入力層として $n + 2$ 層目を構築できない。$n + 2$ 層目の構築には，n 層目からの入力を許すとすると，その学習過程で n 層からの影響を受けるため結合の意味が変わってくる。排他的論理和（XOR）が良い例である。また，フェルマ

ンとエッセン（Felleman & Essen, 1991）に従えば，視覚野においても層を飛び越えた結合は多数存在する（図4・3参照）。

心理モデル，特にボックスアンドアローモデルで表現されるような認知モデルに対して，闇雲に箱を重ねるだけでは意味がないことを教えてくれる。多層化が成功するのは事前学習を十分に行った場合であり，何も考慮せずに層だけ増やしても改善しないし，心理学モデルとしても意味がない。

7・3　宇宙人の脳

クリック（Crick, 1989）はかつて，最近のニューロブームはもはや脳の研究をしていない，現実の生物学的な制約を無視した，言わば，宇宙人（エイリアン）の脳を研究しているようだと揶揄した。最初に宇宙人（の知能）という言葉を使い出したのはミンスキー（1985）のようである（http://web.media.mit.edu/~minsky/papers/AlienIntelligence.html）。だまし絵に騙されない機械学習は，もはや，鳥の羽に学んだ航空力学である。人間の脳が鳥の羽で，ディープラーニングが飛行機に喩えられる。だとすると，もはや人間の脳との対応は考える必要がないのだろうか。本書のテーマである心理学的知見のみならず，生理学，薬理学，機能的脳画像研究との対応を考慮しなくともよいのだろうか。とりわけ，脳損傷のモデル化を目指す神経心理学的症状のニューラルネットワークモデル，人工脳損傷は意味がないのだろうか。答えが「是」ならば，もはや飛行機の故障診断から，鳥の羽の治療法を考えることになる。しかし5・1節「制限ボルツマンマシン」で述べたとおり，（1）一種類の信号しか扱っていない，（2）誤差の逆伝播を考えない，（3）教師信号は別の

図7・1　フランシス・ハリー・コンプトン・クリックの肖像

ワトソンと共に1962年ノーベル医学生理学賞を共同受賞した。

感覚入力から与えられると考える,といった特徴は生物学的妥当性を有すると捉えることもできる.したがって,バックプロパゲーションを用いたモデルを制限ボルツマンマシンを用いて多層化して置き換えても,生物学的妥当性の観点からは否定できない.

多重実現性（multiple realizability）を拡張して解釈すれば,ある認知機能がどのように実現されようが,問題ではない.現実に,タンパク質で構成された脳とシリコンチップ上の電子の流れで演算を行うコンピュータの間には,まったく関係がない.にもかかわらず,脳のシミュレーションが可能であるのは,多重実現性にその基礎を置く.多重実現性を考慮しなければ,脳をシミュレーションするには,実際の脳を使うしか手段がなくなってしまう.

7・4 神経心理学への示唆

既に述べたとおり,内部表象を問えるようになったことがバックプロパゲーションの最大の貢献である.ニューラルネットワークが人間のモデルであるためには,人間の課題成績を模していると仮定できることが必要となる.説明できる現象が多ければ多いほど汎用モデルと見なせるので価値が高い.このことを離れて,ニューラルネットワークに表現されたモデルであれば優れていると見なされる傾向が存在した.ニューラルネットワークの限界が明らかになるにつれ,このような単純な思い込みに近い信念を反省する動きが出てくるのも当然である.ここでは読字過程のモデルを紹介して,素朴な信念による不毛な論争とも思える出来事を振り返ってみたい.そしてディープラーニング,機械学習,ビッグデータの観点からこれまでのモデルを再解釈することができることを示す.

7・4・1 失読

神経心理学の正当な立場からは,脳に障害を持った患者の中で,書かれ

た語を読むことに困難を覚える場合，失読（alexia）と難読（dyslexia）を区別することがある。細かな用語の区別に深入りすることはしないが，3種類の異なる難読症状が知られている。すなわち，

音韻失読　一貫語，非一貫語とも実在語は読めるが，実在しない非単語を読むことができない。
表層失読　規則語，一貫語は読めるが，非一貫語，例外語が読めない。
深層失読　意味的な錯読をする。たとえば「犬」を「ネコ」と読むなど。

である。

　このような神経心理学的症状を説明するために考案されたモデルが，図7・2である。図の上を二重経路モデル（Coltheart, Rastle, Perry, Langdon, & Ziegler, 2001），中をトライアングルモデル（Plaut, McClelland, Seidenberg, & Patterson, 1996），下をコネクショニスト二重処理モデルと呼ぶ。実際のところ，印刷された文字を音読する心的過程を考えれば，どれも似通ったものになることは想像に難くない。印刷された文字を音読するのであるから，規則的に読める単語と例外として扱わなければならない単語が存在し，すべての単語は視覚情報を音韻情報に変換する際に，加えて意味情報をも処理しなければならない場合がある。すなわち書記素と音韻との対応規則に加えて，意味の関与を考えねばならない。そう考えれば，二重経路モデルとトライアングルモデルとの間には本質的にそれほどの差異は存在しない。二重経路モデルがボックスアンドアローモデルとして記述されるのに対して，トライアングルモデルはニューラルネットワークモデルであるという違いだけである。すなわち，同じように現象を説明できるのであれば，後はそれぞれの研究者が依って立つ立場が異なるだけで，宗教論争に近い。両モデルが共通に持つ欠陥は，訳が分からないものを意味系に押し付けて，それ以上，発展させなかった点にある。実際トライアングルモデルによるシミュレーションでは，目標とする単語の誤差が大きい場合に，その誤差を補うために，底上げして場当たり的な補助入力を与えた。彼らはそれを意味系の関与だと記述している。これでは説明になっていないし，モ

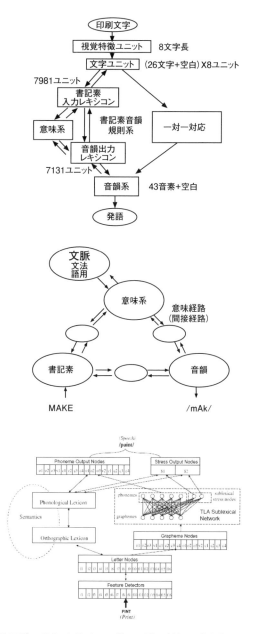

図7・2 二重経路モデル（上），トライアングルモデル（中），コネクショニスト二重処理モデル（下）（Perry et al., 2010 より）

デルが不完全であることを自ら宣伝しているようなものである。二重径路モデルを if-then ルールで書き下せば古典的人工知能モデルであるし，それに対する反論としてニューラルネットワークであるトライアングルモデルが提案された。さらに，両者を混交させたコネクショニスト二重処理 (Connectionist Dual Process: CDP) モデル (Perry, Ziegler, & Zorzi, 2007; Perry et al., 2010; Perry, Ziegler, & Zorzi, 2013; Ziegler, Perry, & Zorzi, 2014) では，多言語，大規模語彙が実現されているので，ビッグデータ対応版と見なすこともできる。

プラウトら (Plaut et al., 1996) では，単音節語だけに絞り，かつ，文字数の効果を無視した。彼らの用いた入力表現は母音中心表現と言うが，単純に言えば，語頭（オンセット），母音，語尾（コーダ）の 3 スロットだけを考える。このようにすれば，解くべき問題が単純化される。解くべき問題が単純になれば成績が向上するのは当たり前である。モデルには抽象化が不可欠だが，行き過ぎると，過度の単純化，問題の矮小化に繋がるおそれがある。結局，印刷文字を読むというシミュレーションについては，第二次ニューロブームの最初期の成果であるネットトーク（NETtalk）(Sejnowski & Rosenberg, 1987) 以来進歩していないのではないかとも解釈できる。

もちろん，モデルで説明できる現象は多い。コネクショニスト二重処理モデルでは以下の現象を説明できるとしている (Perry et al., 2010, 表 1)。(1) 頻度効果，(2) 語彙性，(3) 語長と語彙性の交互作用，(4) 頻度と規則性の交互作用，(5) 単語の一貫性，(6) 非単語の一貫性，(7) 不規則性の位置，(8) 近隣性，(9) 擬似形態優位性，(10) 表層失読，(11) 音韻失読，(12) マスク化プライミング効果。また，文字の音読モデルではないが，ウェスターマンとルー (Westermann & Ruh, 2012, p.653) の神経構成論主義モデル (neuroconstructivist model: NCM) では，獲得年齢効果，頻度効果，音韻の複雑性，単語の敵 - 味方効果，トークン率，過規則性効果，不規則性効果などが説明可能であるとしている。

これらのモデルの多くはフィードフォワード型のニューラルネットワークである。したがって，制限ボルツマンマシンが教師なし学習で多層化し

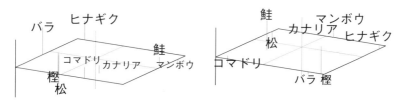

図7・3 中間層における各学習項目の布置（左）。入出力を逆にすると異なる布置を得る（右）
（Asakawa, 2014 より。データは Rogers & McClelland, 2004 を用いた）

たような，周辺の入力情報から独立した不変項としての抽象化が行われていない。バックプロパゲーションによるフィードフォワード型のニューラルネットワークに入力と出力とを逆にして学習を行わせると，中間層における表象は異なるか，解釈不能な場合もある（図7・3）。このように逆問題では中間層の表象は異なるのだから，意味表象は双方向とするか，あるいは制限ボルツマンマシンのように出力層からの情報が伝播しないような教師なし学習による抽象化が必要だと考えられる。ところが意味層を詳細に検討する試みは，ニューラルネットワークを標榜する認知心理学者の間では捗っていない。現在のモデルが示す成績から逆に意味表象がどうであるべきかを問うという研究がありうると思うのだが，そのような問いを発した研究者はほとんどいない。意味系における各項目はその一次統計量（頻度）に影響を受けないとすれば，二次統計量（相関）が決定的な役割を果たすはずである。このことをシミュレートするために，項目間の相関係数行列をコレスキー分解によって相関のある乱数を発生させ，シミュレーションに用いるという発想が考えられると思うのだが，そのような研究はあまり聞いたことがない。テイラー（Tyler, Moss, Durrant-Peatfield, & Levy, 2000）が意味項目内の操作を行おうとしているが，意味の相関係数行列を変化させて状態を観察するという発想には至っていないようだ。

7・4・2　視覚失認

倫理上の理由から人間の脳に対する破壊実験が許可される見込みはない。したがって，脳に障害を持つ患者を探し，その患者の機能的，および構造

図7・4　スクリュードライバーと分類すべき画像の例
(大規模画像認識チャレンジ ILSVRC2013より http:75//www.image-net.org/challenges/LSVRC/2013/)

図7・5　水筒と分類すべき画像の例
ILSVRC2012の訓練画像の例。

的脳画像を撮り，認知課題と比較することで神経心理学は進歩してきた。その神経心理学的症状の一つに視覚失認（visual agnosia）がある。視覚失認の患者の中には，対象の見え方が通常でないと認識や同定が困難になる症例が報告されている（ハンフリーズ・リドック，1987/1992; Warrington, 1982)。右頭頂葉系腹側径路に，通常ではない見え方の認識を司る領野が存在すると考えられている。ところが，昨今のディープラーニングは，通常とは異なる見え方の物体に選択的な成績低下を示す視覚失認患者よりも性能が良い。大規模画像認識チャレンジ（ILSVRC2013）で用いられた画像を図7・4に示した。図7・4は，ネジ回し（スクリュードライバー）と認識しなければいけなかった2枚の画像である。左の画像はネジ回しの先端部分が前方に来ている画像で，かつ，幼児の顔が写っている。人間でもこの画像をネジ回しに分類せよ，という課題は困難であろう。ヒッカケ問題に近い。この画像を幼児ではなくネジ回しと分類できるのだとしたらディー

第7章　心理学の現し世　　103

プラーニングはもはや人間の認識を超えている。

図7・5はもう一つの例である。水筒と分類すれば正解となる。ところが図7・5左は変換型失認症患者が困難を示しそうな画像である。図7・5右の画像は，色も形も異なる水筒が4つ並んでいる。両画像とも水筒に分類しなければならないということは，見え方，色の属性，数の属性を捨て去った抽象化を行う必要がある。

大規模画像認識チャレンジでは，さらに細かい分類課題が要求される。犬のブリーダーでもない限り，サセックス・スパニエル，ハンガリアンポインター，ワイヤーヘアードフォックステリア，カーリーコーティッド・リトリーバー，およびソフトコーティッド・ウィーテンテリアなどという犬種を区別せよという課題は過酷すぎはしないだろうか。だがディープラーニングは，ある程度この分類課題に正解する。人間の脳の機能をシミュレートするモデルの成績としては，望ましい性質であると言えるのだろうか。頭頂葉系の処理の一部に損傷を加えたとき，視覚失認患者の示す課題成績の低下と同じような低下を惹起するモデルであれば，人間の視覚情報処理の問題を論じるためのモデルとしても意味を持つと期待される。

7・5　心理モデルとしてのニューラルネットワーク

ニューラルネットワークを人間のモデルとして語る場合混乱してはいけない事項として，次の4点が挙げられよう。すなわち，あるニューラルネットワークモデルが

1　計算論的目標として正しいのか
2　アルゴリズムとして正しいのか
3　表象として正しいのか
4　アーキテクチャとして正しいのか

を区別して考える必要がある。マーはその著書（Marr, 1982）の中で，3つの水準を区別することを提唱した。すなわち，計算論的目標，表象とアルゴリズム，ハードウェアによる実装の3水準である。ここではマーのレベ

ルの中でアルゴリズムと表象とを分離し，物理的実現のレベルは落としても差し支えないだろうと判断した。再三になるが，機械学習あるいはビッグデータを視野に入れれば，実装がシリコンウェハース上であれ，タンパク質を基盤にした生体のニューロンであれ，問題とはならないと考えるからである。

5・4節で概述したとおり，網膜からの外側膝状体を介して第一次視覚へ投射する視覚情報処理の流れを第一次聴覚野や体性感覚野へ繋ぎ変えると，そこに方位選択性細胞が見出される（Métin & Frostt, 1989; Roe et al., 1992）。このことは，脳内の各所で入力情報が異なるだけで，同じアルゴリズムが用いられていることを示唆している。これを単一アルゴリズム仮説（one algorithm hypothesis）と言う。少なくとも第一次感覚野では，同じアルゴリズムに基づいて皮質地図が描かれていることを示唆しているというホーキンスやナグ（彼の名前はNgであるが主張はGOODだ）が提唱しているこの仮説は，一考に値する（http://www.wired.com/2013/05/neuro-artificial-intelligence/）。バックプロパゲーションや制限ボルツマンマシンはアルゴリズムとして成功したと認識されているが，脳内のモジュールやアーキテクチャとして何を採用すべきなのかについては何も語っていない。正しく動作することはそのモデルが採用されるべき条件の1つを満たしただけである。

たとえばアルゴリズムとしてのバックプロパゲーションには限界が存在するが，モデルの構成（アーキテクチャ）が正しい場合もある。上野ら（Ueno, Saito, Rogers, & Lambon Ralph, 2011）のリヒトハイム2は，アーキテクチャのモデルとして提出された試みと評価できる。また，構造化プログラミング言語の提唱者であるニコラス・ビルトによれば（ビルト，1976/1979），書名のとおりプログラムとはアルゴリズムとデータ構造のことである。データ構造は表象と換言できるが，脳における計算とコンピュータの実現する演算との間で抽象的な同型性を議論する立場ではない限り，心理モデルとして比較は喩え話の域を出ない。そのような議論が不必要であるという程極論をするつもりはないが，心理実験結果とシミュレーション結果とを比較する際に，未だ距離が隔てられており，直接心理

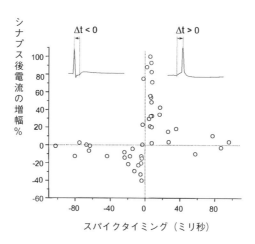

図7・6 シナプス増強と抑制の誘導に必要な時間窓
1Hzで60パルスの刺激を受けた20〜30分後のシナプス後電流の振幅の変化率（Bi & Poo, 1998, 図7を改変）

学者に訴えかけるほどの理論的考察の準備が整っているとは言いがたい。ビルトの作ったPASCALのような高級言語どころか，Aというレジスタに X という値をストアする，などというようなマシン語と 1 対 1 対応のとれるアセンブリ言語との比較ですら，ニューラルネットワークで実現するためには，アルゴリズム，表象，およびアーキテクチャの問題としてゼロから構築する必要がある。この問題を心理実験との比較という俎上に載せるためには，なお時間と労力が必要である。

現実のニューロンにはスパイク電位の時間依存性が存在するが，時間依存な部分を取捨して表象を扱ってよい問題とそうでない問題とがある。文字単位に換算すれば，漢字と仮名の音読潜時差や，単語と非単語の判断時間の差，先行するプライム刺激によって後続する刺激の処理時間に差異を認めるプライミング効果など数十ミリ秒の差異しか認められず，ニューロンの発火回数は数回程度にしかならない。生体の持つ背景雑音に紛れずに，このような時間精度を取り出して，要求する課題を満たすモデルを構成するためには，時間依存性を考慮に入れたモデルが必要となる。

スパイク電位の時間依存性について，タイミングに非対称なヘッブの

学習則が知られている。これをスパイクタイミング依存電位変化（Spike-Timing Denpendent Plasticity: STDP）と呼ぶ。2014年に世間を騒がせた刺激惹起性万能性獲得細胞（Stimulus Triggered Acquisition of Pluripotency），通称STAP細胞とは一文字違いだが，こちらは本物のようだ。図7・6にSTDPの概略を示す。スパイクのタイミングが正であれば増幅率は上昇するが，タイミングが負，すなわち信号送信側のニューロンのスパイクが受け手側のニューロンのスパイクの後になると増幅率は減少する。

7・6 モデルの検討

マッケイ（MacKay, 1992）は，ニューラルネットワークを含み広く機械学習をベイズ流に解釈する仕事をしてきた。その中で，従来のニューラルネットワークに欠けている点として次の6点を挙げた。

1 他のアーキテクチャとの客観的な比較
2 ネットワークの枝刈りや成長に関する客観的な学習停止規則
3 重み崩壊や正則化項の量的および質的な客観的選択
4 あるモデルでの良設定問題における有効パラメータ数の決定
5 ネットワークパラメータとネットワーク出力のエラーバー（分散の大きさ）の量的推定
6 スプライン関数や動径基底関数などの代替学習および補間モデルとの客観的な比較

これらの問題に加えて，心理モデルとして考えるのであれば，

1 モデルの学習と人間の学習，発達過程を同一視してよいのか
2 モデルの破壊を人間の脳損傷と同一視してよいのか
3 モデルの適応範囲をどうやって決めるのか

などの問題も同時に問うていかねばならないだろう。

> **ベイズの公式とは**
>
> $$事後確率 = \frac{尤度 \times 事前確率}{証拠} \tag{7.1}$$
>
> である。式 (7.1) 右辺の分母に証拠とあるのは，ある事実が得られた時点で，起こりうる可能性をその証拠が得られた世界に限定してしまおうという意味である。分子の尤度（C・7 節も参照）は尤もらしさの度合いとある仮説をどの程度知っているかという事前知識を表す事前確率との積となる。極論すれば，ベイズ推論とは得られた事実と事前知識を用いて事後知識を更新する手続きである。

7・7 統計的推論

　最後に，ニューラルネットワークの心理モデルの条件差を統計的検定によって検討する意義について記しておく。

　シミュレーションを行う際には，モデル，モデルを記述するパラメータ，乱数発生アルゴリズム，乱数の種，の 4 つを定めるとシミュレーション結果は定まる。シミュレーションを何度も繰り返すときには乱数の種を変えて繰り返すこととなる。しばしば現在の時刻が乱数の種として用いられる。ユニックス時間では 1970 年 1 月 1 日午前 0 時 0 分 0 秒から世界が始まっているので，その時点からの累積時間を乱数の種にすれば毎秒異なる結果を得ることができる。最近のシステムでは経過時間をミリ秒単位で保持しているので，1 秒以内で収束するシミュレーションにも対応可能であるが，問題なのは乱数の種が同じならば結果は必ず同じになることである。ここには確率も偶然も入り込む余地がない。したがって，何らかの母集団を想定したフィッシャー流の統計的検討を必要する必然性がない。ところが APA ジャーナルのレベルでも，統計的検定がニューラルネットワークのシミュレーション結果に対して適用されていることがある。乱数の種を決めれば蓋然性や誤差の仮定など存在しない。にもかかわらず，このよう

な統計的検定が必要であるのか，統計的検討の必要性を主張できるのかは疑わしい。

ベイズ流の推論は，ロナルド・フィッシャー卿が恣意的であると批判して排除した。今や実験家のほとんど全員がお世話になるフィッシャー卿の開発した統計的検定理論であるが，恣意性を排除するためにヒネくれた推論をすることになった。フィッシャーの統計的検定理論を学ぶ際に，ほとんどの初学者が違和感を覚える理由がここにある。自分が主張したい仮説を確かめる

図7・7　ロナルド・エイルマー・フィッシャー卿の肖像

ために，一旦その仮説が正しくないものと仮定する。これを帰無仮説と呼ぶ。実験の結果，この帰無仮説を棄却することで冒す確率を危険率と呼ぶ。危険率が5%以下に抑えられると考えられるなら，帰無仮説を棄却して自分の仮説は正しいと主張する。言わば否定の否定をして肯定的な結論を導く。ところが論文を書く際には，簡潔に書くべしと訓練を受ける。二重否定は使うべきでないと教えられる。「Aでないとは言えない」などと書かずに「Aである」と書けと指導される。にもかかわらず，統計的検定だけはこの二重否定が正当な推論なのだという教育を受ける。

歴史的には，フィッシャーと論敵との論争は非常に面白い。彼の秀逸な才能が良く分かる。彼の主著の一つである『研究者のための統計的方法』（フィッシャー，1925/1970）は恐ろしいほど明晰な記述だ。だが，完璧なまでに独立して仮説検定を行うがために，複数回の実験ですべて仮説が検証されたとしても，すべての実験的検討が正しいと考えられる確率は低くなってしまう。1回きりの実験であれば正しい仮説も，n回繰り返すことですべてが正しい確率は$1-0.95^n$になる。したがって14回目の実験で0.5以下となる。コインの裏表の出る確率以下にしか信用できない推論を信じる方が危険である。すべての実験はこのフィッシャーの呪縛から逃れることはできない。

反対にフィッシャーが恣意的であるとした事前知識に十分な科学的な根

拠が仮定できるのならば，その根拠を有効に用いて推論を行う方が理にかなっている。ベイズ推論では実験の結果得られた事後知識を次の実験における事前知識として再利用できるという利点がある。すなわち経験が蓄積されるのである。結果として実験を繰り返すたびに推論の精度が高くなる（分散が小さくなる）。フィッシャーが勤務していたホムルステッドの農業実験場のような環境では，やたらと実験を繰り返すことができず，止むなく小標本から母集団の推定を行う必要があった（多年生の植物でなければ1年に1回しか実験ができない）。だがビッグデータの時代に同じ考え方が通用するのだろうか。繰り返せば繰り返すほどすべての実験が正しい確率が小さくなるフィッシャー流の推論と，繰り返すたびに精度が上がるベイズ流の推論との差は，ベイズの式で言う分子の事前確率をどう考えるかによる。どの仮説も偏りなく平等に起こりうると仮定すると，ベイズの推論とは尤度を事前確率で重みづけていることに相当する。したがって，事前知識がないという条件下では，すなわちどの仮説も同様に起こりうるという無知無垢な状態では，その値は最尤推定値に等しくなり，両者の差はなくなる。もう少し細かい議論をすれば最尤推定量とベイズ推定量は異なるのだが，本書は統計学の専門書ではないので，これ以上立ち入らない。

7・8 勾配降下法の守備範囲

ここでバックプロパゲーションも採用している勾配降下法を用いた場合，付加的な条件を設定しなければ，解くことができないであろう問題や現象を列挙してみる（Asakawa, 2014）。一般に勾配降下法によって学習データセットが訓練されることで学習が進行する。しかし，その場合以下リストアップした現象は付加的な仮定なり，処理機構なりを考えなければ，勾配降下法単体では説明がつかない。

1 洞察学習（Insight Learning）
2 獲得年齢効果（Age of Acquisition Effect）

3 破滅的干渉（Catastrophic Interference）（French, 1991, 1999; McCloskey & Cohen, 1989）
4 一撃アルゴリズム（One Shot Algorithm）あるいはエピソード記憶，自叙伝的記憶
5 疎性原理（sparsity principle）（Weigend et al., 1990）
6 分割統治（Divide and Conquer Method）（Jacobs & Jordan, 1991）
7 繰り返し学習による消去抵抗の増大（Increasing Erasure Resistance by Repeated Practice）
8 適応的学習，構成論的アルゴリズム（Adaptive Algorithm, or Constructive Architecture）（Fahlman & Lebiere, 1990; Karmiloff-Smith, 2009）
9 中間層ユニット間の相互作用（Hyvärinen & Oja, 2000; Kohonen, 1985; Majani, Erlanson, & Abu-Mostafa, 1989; Oja & Kaski, 1999）（勝者占有回路，自己組織化写像，独立成分分析，主成分分析，因子分析）
10 概念獲得（回帰，パターン分類以外の抽象的な概念形成）
11 信念，欲望，意図（Belief, Desire, Intention）BDIと略称される。ブラットマンが提唱した概念（ブラットマン , 1987/1994）

　これらの問題のうち，勾配降下法に付加的な条件を付けることで人間の示す特徴を再現できたとする研究がいくつか存在する。勾配降下法はプログラムが簡単であるという利点がある。だが，その理由だけをもって，勾配降下法が人間の脳が採用している唯一の学習方法であると主張するのは危険だろう。学習過程は考慮せず，学習が完成したモデルのみを人間のモデルとして扱うという立場ももちろん存在する。勾配降下法でも解けるのだから，解法に至るアルゴリズムについては問わないという立場はもちろんありうる。
　しかし，素朴にバックプロパゲーションを含む機械学習の学習アルゴリズムを人間の学習と同一視して語る心理学者も存在する。ニューラルネットワークモデルであるというより，勾配降下法アルゴリズム全般に該当するが，数多あるアルゴリズムの中から勾配降下法だけを用いているとす

る生物学的，および，理論的根拠は存在しない。敢えて強弁するのなら，ニュートン法を採用するのであれ2階微分が必要となるので，推定すべきパラメータ数の2乗に比して記憶容量が要求される。このことから，1階微分だけで済ませる勾配降下法が脳内でも行われているかも知れない，という程度の理由が考えられるだけである。バックプロパゲーションと生体の学習とを同一視する根拠としては貧困に思える。

さらに，勾配降下法には学習係数を任意に決める必要があるという問題がある。学習係数が小さいと，さらに誤差曲面が2乗誤差で定義されている限り，極端な場合永遠に辿りつけない。なぜなら誤差関数が自乗和で定義されている2次関数であるから解に近づけば近づくほどその勾配は小さくフラットになる。この小さな勾配に小さな学習係数を掛け合わせるのであるから，解の近傍ではほとんど学習が進行しないこととなる。反対に学習係数を大きくしすぎると，解を飛び越えて振動してしまう。解くべき問題に応じて適切に学習係数（および学習打ち切り基準）を定める必要がある。であるとすると，脳はいかにして学習係数を決めているのかという疑問が湧く。

ニューラルネットワークは心理学者をボックスアンドアローモデルの暗箱から解放する役割を果たしたと考えられる。しかし，その一方でニューラルネットワークの内部でどのような情報処理が行われているのかを問わないという風潮を産んだことも事実である。問題を設定しニューラルネットワークに学習させてみた結果，解が得られたことで説明したことにしてきたと言えよう。暗箱が暗箱のままでは三たび暗黒時代に入ることが危惧される。これを避けるためには，生理学的事実，数学理論，ニューラルネットワークの三者が一体となって，真実の解明に当たる必要があると考える。

第8章　心理学の行く末

> この宇宙について最も理解できないことは，
> それが理解できることだ。
> ── アルバート・アインシュタイン

8・1　サヴァン症候群

　人間の記憶はある種のビッグデータ処理機と見なしてよいと思う。サヴァン症候群の患者は，記銘力と芸術的能力において特異な才能を持っていると言われている。映画『レインマン』でダスティン・ホフマンが演じた役は，劇中では自閉症となっていたが，モデルとなった症例はサヴァン症候群である。自閉症（autism）と芸術（artistic）の英語の発音が似ていることから，トム・クルーズ扮する主人公がこれに掛けてジョークを飛ばしていたと記憶している。サヴァン症候群の患者は，驚くべき量と正確さの記憶力を示す。一方，健常者の記憶は正確ではないし，裁判での証言者の記憶は不正確である。証言者の記憶は解釈の都合で如何様にも歪んでしまう。これは人間の記憶特性である。コンピュータのように一次元のメモリアドレスから正確に参照される類の記憶とは異なる。その代わり人間の記憶は脳という記憶空間内に，幾重にも重なって畳み込まれていると考えられる。このとき潜在意味分析の如く特異値分解でキーベクトルを与えたときに想起される内容が人間の記憶と同一視することができると考えるならば，人間の記憶とビッグデータとは親和性が高い（人間の長期記憶と潜在意味分析，あるいはその元となった特異値分解）と考えることができよう。さらに自動符号化によって抽象化が起こると考えるならば，図5・9を心理モデルと見なしてもよいことになる。

8・2 存在しない人工知能 ── 創造性

　人工知能にとって創造性をいかに実現するかは，近い将来越えなければならない壁であろう．この際，ピアジェの認知発達における同化と調節という概念は，知識構造を自ら変容させるための鍵となる概念であると考える．同化と調節と唱えるのは簡単だが，呪文ではない．同化と調節とは何かを数学的に形式化できなければ，研究が先に進まないだろうし，誤解を招きやすい．かつて，ピアジェ批判が甲論乙駁して収拾がつかなかった．新ピアジェ主義者の主張は傾聴に値するが，数学的な定式化が不足しているように見受けられる．一旦数学的な定式化ができれば，どの知識が，どのように同化，あるいは調整され，どのような知識構造へと変容したのかという記述が明確になる．これによって領域固有性（domain specificity）を説明できる可能性が生まれる．さらに，教える側と教えられる側との知識構造を連立させて解けば，社会的相互作用のモデルと見なすことができるだろう．このように考えれば，新ピアジェ主義者の主張はモデルとして取り込むことが可能ではないかと考える．

　領域固有性について付言すると，限定された経験だけからいかにして知識を抽象化するか，一般化するかは人工知能の実装方法としても切実である．人間は限られた経験だけから，一般的な知識を軽やかに獲得できているようにも思える．このことは神経心理学の臨床を視野に入れると切実な問題である．失語，失行，視覚失認，健忘などの神経心理学的症候を標準化された検査を用いて評価する場面では，患者は検査項目に正答できなければ神経心理学的には成績不良と見なされる．ところが，ほとんど発話が不可能な重度の全失語の患者でさえ，他の患者が転びそうになったのを見て「あっ，危ない」と明瞭に発することがあるという（鈴木, 2014）．検査で測られる能力だけがすべてではない．この患者にも場面や状況に応じた能力があることを考慮すれば，健常者の脳が行っている一般化，抽象化，言語化，記号化は簡単には実装できない問題を含んでいるように思われる．

ビッグデータと創造性については，計算論的創造性の報告がある（Varshney et al., 2013）。オリジナルはソーヤー（Sawyer, 2012）であるが以下にリストを挙げた。(1) 問題の発見，(2) 知識の獲得，(3) 関連情報の収集，(4) 培養，(5) アイデアの生成，(6) アイデアの結合，(7) 最良のアイデアの選択，(8) アイデアの外在化，となっている。だがどの項目もコンピュータ上に実装するのは困難であろう。実際の創作活動では，このステップ通り進まないと想像できる。各ステップ間を行きつ戻りつ，もがき苦しんでいるうちに突如として新しいアイデアが心中に去来するのだと考える。どこまで定式化可能であるかは検討の余地がある。

　人間の数学的想像力には際限がないので，既存の，あるいは脳という制約を超えて，性能の良い人工知能を創りだそうとすれば，さまざまな方向性が考えられる。たとえば，以下のようなものを考えてみると，(1) ヒルベルト核空間法，(2) 複素ホップフィールドネットワーク，(3) 微分進化，いずれも生物の持っている制約を超えた最適化を実現する方法である。ヒルベルト核空間法について人間の脳に対応物を求めることができる可能性はある。通常ホップフィールドモデルにおいては，結合係数の対称性が仮定される。ところが複素ホップフィールドネットワークモデルでは，相互に結合するユニット間の結合係数は複素共役であることを仮定する。したがって生物学としての意味合いは失われてしまう。微分進化（Differential Evolution: DE）とは，遺伝的アルゴリズムが離散的な遺伝子の組を仮定し，遺伝子間の組み換えを各世代に対して実施し，適応度関数の値に従って生き残るものを選択する，言わばランダムサーチであるのに対して，選択された祖先のペアの適合度を微分することで効率よく進化，すなわち最適化を実現しようというアイデアである。いずれも，初めて聞いたときには腰を抜かすほど驚いた。しかし，神経学的対応物を必要とするニューラルネットワークモデルと異なり，生物という制約を超えて機械学習として，究極の人工知能を実現するために躊躇する必要などないと考えれば，悲観したり非難したりする筋合いのものではない。

　人間には領域特殊性，領域固有性が存在する。つまり得意なことと不得手なことがあるので，全分野における「賢さ」を定義できない。知能指数

など知能検査で測定された得点以外の意味はない，と強弁して憚らない心理学者すらいる。加えて，練習効果があるので，繰り返し知能検査を受けると知能検査の得点は上昇する。しかし，知能テストの得点の上昇をもって，頭が良くなったとは一般的には解釈しない。このように一般的知能は存在しないと考える方が自然だ。大学入試は大学入学試験に特化した知識を持った人間が高得点を得やすいテストのことであるし，それ以上の意味もそれ以下の意味もない。

8・3　サポートベクターマシンの逆襲可能性

　では，もうサポートベクターマシンは終わりなのだろうか？　ラグランジェ乗数を用いた解析的な機械学習機であるサポートベクターマシンは，（今のところ）その洗練さゆえに泥臭いディープラーニングの後塵を拝している。逆襲の余地は残されていないのだろうか？　そうは思わない。神の摂理は一つであるし，美しくあるべきだ。今こうしている瞬間にも，トーマス・ベイズの末裔が，ウラジミール・ヴァプニックの弟子が，ディープラーニングをその特殊な場合として含むような美しく芸術的な解を着想しているのかも知れない。その着想そのものをシミュレートできる日が来ることを夢想する。究極の人工知能は自分を超える能力を持つべきであるし，それがフォン・ノイマンの夢見たことでもある。

8・4　ジェフの夢はベスの夢

　もう一度出発点に立ち返って，機械の画像認識を向上させるために何が必要かを考えてみたい。図7・4を見ると我々は，画像には幼児の顔が写っていて，その子が何かを手に持ってこちらに向けている，という状況を理解できる。畳み込みネットワークを使って制限ボルツマンマシンを重ねれば，この状況を察するユニットが形成されるのだろうか？　素朴には答え

はノーであろう。このような状況をモデルに理解させるためには，古典的な人工知能の手法を取り入れて宣言的知識をシステムに与えたくなる。

　しかし，そうする前にまだなすべき仕事は残されている。エリザベス・ウォリントン（Warrington, 1975）は，意味記憶が視覚的記述と機能的記述に分かれている可能性を指摘した。すなわち神経心理学的には，視覚の対語は聴覚でも運動でもなく，機能である。彼女が示した神経心理学的症状から，人間の意味記憶障害では動物と非動物とに大別される。動物は視覚的に記述されることが多い。トラとチーターの違いは，主として視覚情報の違いによる。ところがイスとテーブルの視覚情報にはそれほど差がない。同じ素材で作られていて，同じ色をしていることもあり，同じ場所に存在し，どちらも四足であり，かつ，大きさもそれほど違わない。縁日で売っているミドリガメとゾウガメの大きさの違いの方が極端である。イスとテーブルの違いは主として，どのように使われるかという機能によって判別される。意味記憶に障害を持つ脳損傷患者が写真や絵画を命名する課題や，視覚的，あるいは聴覚的に提示された対象を指示させる課題では，視覚情報に頼ることになるが，そこに動物と非動物の二重乖離が存在する。マーサ・ファラーとジェイ・マクレランド（Farah & McClelland, 1991）は，ベス（エリザベスの略称）の仮説を検証するために，ボルツマンマシンによるシミュレーションを行った。ボルツマンマシンを用いた理由は，課題が双方向の情報の流れを要求するからである。すなわち絵画命名課題は視覚情報を言語情報に変換しなければならない。一方，絵画選択課題では言語情報を入力として視覚情報を検索しなければならない。双方向になるとバックプロパゲーションではなく，ボルツマンマシンかホップフィールド型の連想記憶を使う方法が考えられる。視覚情報だけでなく機能情報も同時に与えて制限ボルツマンマシンで多層化して視覚情報に機能情報を連携させれば，動物と非動物の二重乖離という神経心理学的症状を説明するモデルができるだろう。その知識を使えば，ディープラーニングは図7・4の画像をスクリュードライバーと認識できるのではないかと思われる。

　元々ジェフェリー（ジェフ）・ヒントンはボルツマンマシンの提唱者だ（Rumelhart & McClelland, 1986）。万能なボルツマンマシンだが，解に至る

までに計算量が膨大になるという欠点がある。そこでジェフは制限をつけたボルツマンマシンを開発した。その応用が殊の外上手くいったので現在がある。だがジェフは制限ボルツマンマシンの制限を本当は取り払いたいのではないだろうか。実際ラメルハートへの追悼文の中でマクレランドは，ヒントンはボルツマンマシンを作るために当時彼らが在籍していたカリフォルニア大学バークレー校を去ったと書いている。ボルツマンマシンがジェフの夢であるとすると，ジェフはベスの夢まで実現させてくれる一歩手前にいることになる。

　第7章「心理学の現し世」でも触れたが，ディープラーニングを含むニューラルネットワークを心理モデルとしても扱い，機械学習全般を見渡す必要がある。その上で限界を認識し，生理学と数学とニューラルネットワークモデルとを収斂させることが素描できる未来である。同様の内容を第1章で紹介した YouTube の動画の中でパネリストも語っている。生物学的制約を無視して一気に人智を超越した人工知能を構築することは現実離れしている。生体の行っている知的情報処理に触発された構造物を目指し，生体の知的振る舞いの真実を知ることが肝要であろう。

第9章 エピローグ

> 哲学者の中には，哲学とは，ある問題について，それを科学にゆだねるべきだとはっきりわかるまで適用する方法だと考える者がいる。もしも哲学的な問題が経験主義的な方法に屈したとすれば，その問題はそもそも哲学的ではなかったのだと考える者もいる。
>
> —— ジェリー・A・フォーダー

　本書ではディープラーニング，ビッグデータ，機械学習にまつわる心理学的な話題を取り上げて解説した。本文中に既述したがディープラーニングは人工知能の一部であるのだから分類，回帰問題だけでなく認識一般を扱うことができるようになるのだろうか？　ディープラーニングを認識問題へ一般化するためには2つの拡張が考えられる。国際会議のレベルでは発表件数も数あり，軌道に乗っているようにも見えるディープラーニングの再帰型ニューラルネットワーク化および神経構成論主義化が必要であろう。この両者を取り込む発想が出てくるのは当然のように思える。5・6節で述べたとおり，再帰型ニューラルネットワークには計算論的万能性が存在する。中間層の役割の一つは内部状態の保持である。フォン・ノイマンが目指したコンピュータは，内部状態と外部入力とによって次の出力を計算する機械であるから，この万能コンピュータを実装するためには再帰型ニューラルネットワークは欠くことができない要素である。加えて，本書では触れなかったが，ドーパミンの関与に基づく強化学習（Sutton & Barto, 1998）の枠組みを用いて神経構成論主義の主張する知識構造の変容を実装しなければ，自らを賢くしていく人工知能は作れないだろう。道のりは遠いと書くべきか，もうすぐそこまで来ていると書くべきか迷う。ただ興味深い進歩が今進行中であることは伝えたかった。本書

組版中の 2014 年 11 月 17 日ニューヨーク・タイムズ紙に，自然画像から注釈文を自動生成する人工知能の記事が掲載された (http://www.nytimes.com/2014/11/18/science/researchers-announce-breakthrough-incontent-recognition-software.html?partner=rss&emc=rss&_r=1)。これは畳み込みによるディープラーニングで多物体の写った画像を認識させて，長期短期記憶モデル (Long Short Term Memory: LSTM) で文章生成したものである。すなわち，基本的に本書で扱った手法そのものである。LSTM については取り上げなかったが，リカレントネットワークの発展系である。

　本書冒頭に述べたとおり，十分に発達したテクノロジーは魔法と区別がつかない。だがディープラーニングはテクノロジーであって，魔法ではない。「ネコ」を認識することが（今のところ）魔法のように見えるだけである。内部で用いられているカラクリが解明されれば，もはや魔法は不要だ。映画『魔女の宅急便』で主人公の少女キキは，相棒の「ネコ」であるジジと会話できた。だが，物語の最後で少女は成長し，ジジとネコ語で会話ができなくなってしまう。同時に空飛ぶ「魔法」の箒も放棄することとなる。ディープラーニング，機械学習，ビッグデータは「ネコ」の認識を越えて先へ進めるだろうか。

あとがき

　本書を脱稿するには，いくつかのコツのようなものが必要だった。一部の人から聞き齧った知恵であり，また，一部の人にはお伝えしたことでもある。誰に何をお話ししたかを書くと全体を再構成される危険に晒されるおそれがある。それは恥ずかしいので，謝辞という形でお名前を順不同に列挙させていただくこととした。言うまでもなく，本書の内容の全責任は筆者にあるが，お世話になった方々に改めてお礼を申し上げる次第である。

　2013年度日本神経回路学会時限研究会，参加者の皆様，とりわけ，ご講演いただいた東京都老人研究所伊集院睦夫先生，京都工芸繊維大学岡夏樹先生，大阪府立大学牧岡省吾先生，グーグルプラス計算論的認知神経科学のメンバーの方々，東京女子大学田中聡先生，東京女子大学長田直樹先生，学習院大学今井久登先生，前東京女子大学内藤正美先生，東京女子大学大阿久俊則先生，東京女子大学荻田武史先生，東京女子大学安藤信廣先生，産業技術総合研究所，全脳アーキテクチャ勉強会一杉裕志先生，日本女子大学，エウレカプロジェクト澤宏司先生，ラッセル社加藤明弘さん，東京農工大学守一雄先生，東北大学行場次朗先生，玉川大学大森隆司先生，早稲田大学椎名乾平先生，東京工業大学中川正宣先生，早稲田大学福澤一吉先生，師匠カリフォルニア大学サンディエゴ校ジェフリー・エルマン先生，恩師小嶋謙四郎先生，いつものとおり岩船幸代さん。ありがとうございました。

　一番最初にこの種の問題を考え始めたのは，およそ30年前，1983年カルカッタの雑踏の中でであったという記憶が突如としてフラッシュバックしてきた。当時はまだバックプロパゲーションもなかった。相互活性化モデル (McClelland & Rumelhart, 1981; Rumelhart & McClelland, 1982) は発表されていたので，ラメルハートは既にその着想を得ていたのかも知れない。甘利先生の本（甘利, 1978）や中野先生の本（中野, 1979）は出版されてい

たのは知っていたが，当時の学力ではまるで歯が立たなかった。だが，思い出話に浸っていても話は進展しないので，そろそろ筆を置く潮時かと思う。

関欣一先生の一周忌に練馬の自宅にて　asakawa@ieee.org

＊本書の正誤表，その後の情報などはサポートページ http://www.cis.twcu.ac.jp/~asakawa/deepbook を参照されたい。

付録 A　関連 URL

- http://deeplearning.net/reading-list/tutorials/
- ヒントンのホームページ http://www.cs.toronto.edu/~hinton/papers.html
- ニューラルネットの逆襲 http://research.preferred.jp/2012/11/deep-learning/net/takmin/building-highlevelfeatures
- ディープラーニング勉強会 https://sites.google.com/site/deeplearning2013/
- http://besom1.blog85.fc2.com/blog-entry-97.html
- ディープラーニング用語集 http://staff.aist.go.jp/y-ichisugi/rapid-memo/deep-learning.html
- ベンジオによるチュートリアル http://www.iro.umontreal.ca/~bengioy/talks/deep-learning-tutorial-2012.html
- 産総研一杉先生のページ https://staff.aist.go.jp/y-ichisugi/rapid-memo/brain-deep-learning.html
- Deep learning without magic の動画
  - http://techtalks.tv/talks/deep-learning-for-nlp-without-magic-part-1/58414/
  - http://techtalks.tv/talks/deep-learning-for-nlp-without-magic-part-2/58415/
  - http://nlp.stanford.edu/courses/NAACL2013/
- 本家ディープラーニングの URL: http://deeplearning.net

付録 B　制限ボルツマンマシンを訓練するための実践ガイド

ヒントンのホームページには，制限ボルツマンマシンを使いこなすための実践ガイドが載っている（http://www.cs.toronto.edu/~hinton/absps/guideTR.pdf）。ここでは，関連部分を訳出した。したがって本節についてのオリジナルの著作権はヒントンにある。紙面の関係上訳出していない部分があるので節番号が飛んでいるが，オリジナルの節番号に合わせたためである。数式番号も同様である。(Copyright © Geoffrey Hinton, 2010. Originary published in Grégoire Montavon, Geneviève B. Orr, Klaus-Robert Müller (Eds.) *Neural Networks: Tricks of the Trade*, Second Edition, Springer-Verlag Berlin Heidelberg, 1998, 2012. G. Hinton および編者，出版社の許可を得て掲載。)

制限ボルツマンマシンの訓練を行う際，本技術報告書を利用する場合には，いかなる出版物でもこの文書からの引用であることを明示されたい（訳注，前述のガイドであることを明記）。

B・3　コントラスティブダイバージェンスにおける統計の収集方法

まず，入力層と隠れ層の全ユニットが二値ユニットだと仮定する。他の種のユニットは 13 節で議論する（未訳出）。学習の目的は，訓練ベクトル対の良好な生成モデルを作成することである。多層ニューラルネットワークに制限ボルツマンマシンを使用する場合，生成モデルが最終目的ではない。その後バックプロパゲーションを用いて，微細チューニングを行う（www.scholarpedia.org の Deep Belief Networks を見よ）。それによって時間を節約することが可能であるが，ここでは無視する。

B・3・1 隠れ層状態の更新

CD_1 を使う場合,データベクトルが入力層に提示されると隠れ層ユニットは確率論的二値ユニットとなる。ある隠れ層ユニットをオンにする確率は全入力を引数とするロジスティック関数 $\sigma(x) = 1/(1 + \exp(-x))$ を適用することによって計算される。

$$p(h_j = 1) = \sigma\left(b_j + \sum_i v_i w_{ij}\right) \tag{B.10}$$

この値が,範囲 [0,1] なる一様乱数の値より大きければユニットは 1 とせよ。確率そのものよりも,隠れ層ユニットの状態が二値であることが重要である。確率が用いられた場合,各隠れユニットは,再構成の間に入力層ユニットに実数値を送信することが可能となる。この場合の隠れ層ユニットは（平均で）高々 1 ビットを伝達しうるという情報のボトルネックに対する重大な違反となる。この情報のボトルネックが強い正則として機能する。どのユニットが活性化するかについての事前知識がないのだから,隠れ層ユニットの最終更新の際,確率論的二値状態を使用することはない。無用なサンプリング雑音を避けるため,確率そのものを用いる。CDn を採用する場合,隠れ層ユニットの最終更新には確率を使用する必要がある。

B・3・2 入力層の更新

入力層が二値であると仮定すると,入力層の状態を更新する方法は,上位層からの信号によって,確率的に 1 か 0 を再構成の際に用いることである。

$$p_i = p(v_i = 1) = \sigma\left(a_i + \sum_j h_j w_{ij}\right) \tag{B.11}$$

しかし,二値をサンプリングする代わりに,確率 p_i を採用するのが一般

的である．このことはデータ駆動で隠れ層ユニットの状態に確率を用いるほど問題にはならない．これによりサンプリングノイズが低減し，より迅速な学習が可能になる．これにより少し劣化した密度モデルを導くという証拠がある（Tijmen Tieleman との私信）．ディープラーニングにおいて制限ボルツマンマシンで事前学習した場合，おそらくこのことは問題とならない．

B・3・3　学習に必要な統計量の収集

入力層ユニットが確率論的二値の代わりに実数の確率を用いると仮定した場合，入力層ユニット i と隠れ層ユニット j との結合係数を修正するために統計情報を収集するには2つの感度の良い方法がある．

$$\langle p_i h_j \rangle_{\text{data}} \quad \text{または} \quad \langle p_i p_j \rangle_{\text{data}}$$

ここで p_j は確率であり h_j は確率 p_j で二値状態1をとる．h_j を用いると制限ボルツマンマシンの数学的モデルに近くなるが，p_j を使用すると通常サンプリングノイズが少なくてわずかに速い学習が可能になる．

B・3・4　CD_1 で学習信号を得るためのレシピ

隠れ層ユニットがデータから駆動されたときは，常に確率的二値を用いよ．逆に再構成によって駆動された場合，サンプリングせずに必ず確率を使用せよ．入力層ユニットはロジスティック関数を用い，データと再構成の両方で実数値である確率を用いよ．

ペアごとの統計情報を収集する場合，結合係数やバイアスの個別の統計を学習する場合，二値でなく確率を用い，対称性を破るために乱数による初期値を用いよ．

B・4 ミニバッチのサイズ

単一の訓練事例から勾配推定し結合係数を更新することは可能だが，10から100事例からなる小さな「ミニバッチ」に分割した方が効率が良い。ミニバッチにすることでMATLABのGPUを利用できる。

ミニバッチのサイズ変更に伴って，学習係数を変更せざるを得なくなるのを避けるために，あるミニバッチから算出された勾配をミニバッチのサイズで割るのが有用である。すなわちあるミニバッチの全勾配ではなく，各事例ごとの勾配として扱う。

確率的勾配降下法を用いる場合，ミニバッチを大きくしすぎるのは重大な誤りである。ミニバッチサイズ倍大きくすると，より信頼性の高い勾配推定値をもたらすが，N倍に学習率を安定させはしない。結合係数の実際の効果は，各勾配あたりで評価すれば小さい。

B・4・1 訓練データ集合をミニバッチに分割するためのレシピ

1つのミニバッチから全訓練集合の勾配を推定する際，等確率で少数のクラスがデータセットに含まれている場合，理想的なミニバッチサイズは，各クラスの一例が含まれている必要がある。全体の訓練のための勾配を推定する際のサンプリング誤差を低減するために，クラスの数と，各ミニバッチの数はしばしば等しくなる。他のデータセットの場合は，まず使用する訓練データをランダマイズし10個からなるミニバッチを用いよ。

B・5 学習状況のモニタ

データと再構成との間の二乗誤差を計算するのは容易である。この量は，多くの場合，学習時にプリントアウトされる。全体トレーニングセット上

の再構成の誤差は，学習開始時には迅速かつ一貫して減少し，その後漸減しなければならない。勾配推定値はノイズの影響で，個々のミニバッチにおける再構成誤差は，初期に急速降下した後，モーメント法で用いる係数が大きいと，いくつかのミニバッチで一定期間ゆっくりと振動することがある。

便利ではあるが，再構成誤差は実際の学習の進捗状況の良い尺度ではない。これは CD_n で特に $n>>1$ のときに，最適化学習が機能するわけではない。学習中に変動する2つの異なる量が体系的に混交している。1つは訓練データの経験分布と制限ボルツマンマシンの平衡分布との間の差である。2つ目は，ギブスマルコフ連鎖の交代率の混合である。混合率が非常に低い場合，データとモデルの分布が非常に異なる場合であっても，再構成誤差は非常に小さい。結合係数が上昇すると混合率は落ちる。したがって再構成誤差の減少は必ずしもモデルの改善を意味しない。逆に少量の誤差上昇は必ずしもモデルの悪化を意味しない。しかし，大幅な誤差の増加は，一時的で，かつ，学習率，モーメント，重みコストや疎性性メタパラメータの変化によって引き起こされている場合を除き，悪い兆候である。

B・5・1 再構成誤差を用いる場合のレシピ

使うことになるが信頼はするな。学習中に本当は何が起こっているか知りたければ複数のヒストグラムのグラフィック表示を使用せよ。提示したデータの密度関数を推定するために焼き鈍し重点サンプリング (Salakhutdinov & Murray, 2008) の使用も検討せよ。ラベル付きデータの共起密度モデルを学習している場合は，学習データに検証データセットの弁別性能をモニタを検討せよ。

B・6 過学習のモニタ

生成モデルを学習する際，モニタすべき量は現在のモデルがデータ点へ

割り当てる確率である．検証データにおけるこの確率が減少し始めたときが，学習を停止するときである．残念ながら，大規模制限ボルツマンマシンでは，分割関数に関する知識を必要とし，この確率の計算が困難である．にもかかわらず，直接訓練データの自由エネルギーと検証データを比較することにより，過剰適合を監視することが可能である．この比較では，分配関数はキャンセルアウトされる．データベクトルの自由エネルギーは，隠れユニットの数に比例する時間で計算することができる．モデルが過学習していない場合，平均自由エネルギーは，訓練データと検証データではぼ同じである．モデルが過学習を起こすと，訓練データの平均自由エネルギーと検証データの平均自由エネルギー間にギャップが生じる．

B・6・1 過学習をモニタする際のレシピ

各エポックで，訓練データの代表的なサブセットの平均自由エネルギーを計算し，検証セットの平均自由エネルギーと比較せよ．常に訓練データでは同じサブセットを使用せよ．訓練データと検証データとのギャップの増大し始めた場合，訓練データの確率はギャップよりもさらに速く成長するが，過学習を起こしいてるので，検証データの確率はさらに改善することができる．2つの平均値を計算する際，同じ結合係数が用いられていることを確認せよ．

B・7 学習係数

学習係数が大きすぎれば，再構成誤差は増大し結合係数は爆発する．
ネットワークが正常に学習されている間に，学習係数を減じると再構成エラーは，通常大幅に低下する．これは通常必ずしも良いことではない．部分的に，これは確率論的結合係数の更新が小さなノイズレベルの影響で，長期間にわたる学習の遅延を伴うことがある．学習を終わらせるために，典型的には，学習率を減少させる．複数の結合係数の更新の平均は，最終

的な重みからのノイズの一部を除去するための代替手段である．

B・7・1　結合係数とバイアスの学習係数を設定するためのレシピ

学習率を設定するための経験上に良い方法は，結合係数更新量と結合係数そのもののヒストグラムを観ることである．結合係数更新量は，結合係数の 10^{-3} 倍程度であるべきだ．あるユニットに多くの結合がある場合，結合係数の更新量は少量にすべきである．なぜなら同じ方向を示す多数の小さな変化が勾配の変化で反転してしまうからである．反対にバイアスの変化は結合係数の変化より大きくできる．

B・8　結合係数とバイアスの初期値

結合係数は通常，平均 0，標準偏差 0.01 の正規乱数を用いる．大きな乱数値を使えば，初期学習を高速化することができるが，最終的にわずかに悪化したモデルになる可能性がある．学習を極度に遅くするので，典型的な入力層に与えるベクトルが隠れ層ユニットの確率を 1 または 0 に近くにすることのないように注意しなければならない．学習に用いる統計が確率的である場合，結合係数の初期値はすべて 0 とする．なぜなら隠れ層ユニットがすべて同一の接続性を持っている場合であっても，ノイズにより互いに異なるようになるからである．

入力層ユニット i のバイアスを $\log[p_i/(1-p_i)]$ とするのは有用である．ここで p_i は i が訓練ベクトルによって 1 となる確率である．これを行わない場合には，学習の初期段階で p_i の確率で i をオンにするための隠れ層ユニットを使用する．

確率 t の疎性ターゲット確率を用いる場合，隠れ層ユニットのバイアスを $\log[t/(1-t)]$ で初期化するのは理にかなっている．それ以外の場合は，隠れ層ユニットのバイアスは通常 0 とするのがよい．疎性を誘導する方法として，約 -4 のような大きな負のバイアスで隠れ層ユニットを初期化す

ることも可能である．

B・8・1 結合係数とバイアスの初期値を設定するためのレシピ

平均 0，標準偏差 0.01 の正規乱数を用いよ．隠れ層ユニットのバイアスは 0 とせよ．入力層ユニットのバイアスを $\log[p_i/(1-p_i)]$ とせよ．ここで p_i は訓練データでユニット i がオンとなる確率である．必ずしもオンまたはオフになっているとは限らない隠れ層ユニットも確認すること．

B・9 モーメント法

モーメントは目的関数が峡谷の床面に沿って緩やかな勾配だが，一貫的で，細長い，ストレートな谷，およびより急勾配まで渓谷の側面が含まれている場合，学習の速度を増加させるための簡単な方法である．モーメント法とは表面を落下する重いボールに喩えられる．ボールは谷底に沿った速度で進む．谷の両側の勾配が互いに打ち消し合うのでボールが谷を越えないからである．代わりに，パラメータの更新時に，推定された勾配と学習係数との積を用いる代わりに，現在の勾配を増分するモーメント法を使って更新速度 v を増加する方法が用いられる．

勾配降下法に従うボールの速度は時間に伴って減衰するが，メタパラメータであるモーメント α は新しいミニバッチで勾配を計算した後でも以前の値を使用することができる．

$$\Delta \theta_i(t) = v_i(t) = \alpha v_i(t-1) - \epsilon \frac{dE}{d\theta_i}(t). \tag{B.12}$$

勾配が一定であれば $\epsilon dE/d\theta_i$ を $1/(1-\alpha)$ 倍加速する．モーメントの典型的な値 0.9 を使うと 10 倍高速になる．

モーメント法による時間平滑化によって $1/(1-\alpha)$ 倍だけ学習係数は増大し，誤差勾配の渓谷を横切るような発散振動を回避できる．ただし，

モーメント法による勾配は最急降下法の方向ではなくなる。モーメント法は共役勾配法に類似するが遥かに簡単である。他の方法と異なり，モーメント法は，誤差渓谷がパラメータ軸に沿っていない場合には，他の方法と同様の結果となる。

　モーメント法の別の見解は以下のとおりである。モーメント法は$1/(1-\alpha)$倍に学習率を上げると等価であるが，勾配法における全増加分を指数関数的に崩壊させ遅延させることにもなる。このことにより，モーメント法は早期にパラメータ空間の勾配方向を進むことになる。これによりモーメント法は，不安定な振動を引き起こさずに学習係数を大きくすることができる。

　学習開始時にランダムな初期値で大きな勾配を作成することができ，誤差渓谷の底に来ることはほとんどない。パラメータ更新時のモーメントは0.5で始めるのがよい。この保守的なモーメント量をとることで，誤差渓谷を飛び越えて振動するようなモーメントなしの学習より安定する。

B・9・1　モーメント法を用いる際のレシピ

　モーメント量を0.5で始めよ。再構成誤差エラーの低減が初期は大きく，緩やかに落ち着いたら0.9に増せ。これにより再構成誤差が一過的に増加することがある。このようになった場合，不安定性が持続するなら，解消するまで学習率を2倍減らし続けよ。

B・10　重み崩壊法

　重み崩壊は，通常の勾配に付加項を加えることで機能する。付加項は大きな結合係数にペナルティ0.05を課すための導関数である。最も簡単なペナルティ関数は，L2と呼ばれる結合係数の二乗の和の半分である。

　ペナルティ項の導関数に学習率を乗算することは重要である。そうしなければ，学習係数の変化によって，最適化手順の変更ではなく，最適化さ

れる関数が変化する。

制限ボルツマンマシンに重み崩壊を用いるのは4つの理由がある。(1) 訓練データに過剰適合を低減することにより，新しいデータの一般化を改善する。(2) 無用の重みを縮小することで隠れ層ユニットの解釈可能な受容野を作ることができる。(3) 訓練初期に大きなウェイトを開発し，常にオンか常にオフかをとる隠れ層ユニットを排除できる。このようなユニットを再び活用する良い方法は，11 (訳注：本訳では省略した) で説明する疎性ターゲットを使用することである。(4) ギブスマルコフ連鎖の混合率を改善する。結合係数が小さければ，マルコフ連鎖は急速に混合する。コントラスティブダイバージェンス学習はマルコフ連鎖の後段階を無視することに相当するので，混合が速い場合，より良い学習の最大尤度を近似することができる。無視された導関数は以下の理由で小さい。マルコフ連鎖が定常分布に近い場合，マルコフ連鎖からのサンプルをモデル化するための最良のパラメータは，現在のパラメータに非常に近い。

L1 は重み抑制の別の形式であり，重みの絶対値の和の導関数を利用する。L1 により，少数の大きな結合係数を除き，多くの結合係数をゼロにできる。L1 は重みの解釈を容易にする。画像の特徴を学習する際，L1 重み崩壊によってローカライズされた受容野が形成される。

結合係数の大きさを制御する別の方法は，各ユニットの結合荷重の平方和や絶対値の上限値を導入することである。各結合係数の更新後，最大値を超えた場合は，再スケーリングされる。この方法は隠れ層ユニットが小さい重みで立ち往生することを回避できるが，疎性ターゲットはこの問題を回避するためにはより良い方法である。

B・10・1 重み崩壊法のためのレシピ

制限ボルツマンマシンでのL2係数の賢明な値は，通常 0.01 から 0.00001 の範囲である。重み崩壊は隠れ層ユニットおよび入力層ユニットのバイアスには通常適用しない。またバイアスは大きな値をとることが必要な場合もある。

初期の重み崩壊係数は 0.0001 とせよ。検証データセット上の密度関数を推定するために焼き鈍し重点サンプリングを使用する場合には，密度を最適化するために 2 倍の崩壊係数で調整してみよ。崩壊係数の小さな差は，性能に大きな違いが生じる可能性がある。判別性能を検証するため，同時密度モデルを訓練しているのなら，崩壊係数を最適化するために密度関数を代わりに使用できる。しかし重み崩壊法は過学習を抑制する以上のものではないことを覚えておくべきである。またコントラスティブダイバージェンスは最尤値の良い近似を学習させる混合率を増加させる。訓練データが無限であり，過学習が問題にならない場合であっても，重み崩壊法は役に立つ。

B・12 隠れ層のユニット数

機械学習の弁別モデルから隠れ層ユニット数を直感的に決定するのはよくない。判別モデルにおける学習では，訓練データ量のパラメータ数は，ラベルを指定するためのビット数に等しい。ラベルは通常少量の情報しか持たない。訓練データ数以上のパラメータを用いると過学習を生じる。多次元の生成モデルを学習する場合には，モデルのパラメータにどの程度の制約を課すかを決定するのはデータベクトルを特定するのに要するビット数である。これは，ラベルを指定するのに必要なビット数よりも数桁大きいことがある。各画像が 1000 画素で，10000 の訓練画像があれば 100 万のパラメータを使うことになるかも知れない。これは 1000 個の総結合の隠れ層ユニットになるかも知れない。結合係数を共有する場合，隠れ層ユニットが局在していたり，または相互に接続されている場合には，より多くユニットを使用することになる。

B・12・1 隠れ層ユニット数決定のためのレシピ

問題は演算量ではなく，過学習しているか否かである。モデルが最適な

らば，各データベクトルを記述するのにどの程度のビットが必要かを推定せよ（すなわち，典型的にはあるデータベクトルの確率を底とする対数の推定値である）。その後，訓練データ数でその見積もりを乗算し，より小さなパラメータ数を使用せよ。非常に少量の疎な訓練データを使用している場合は，より多くの隠れ層ユニットを使用することができるかも知れない。訓練データが冗長で大きな訓練データである場合は，より少ないパラメータを使用する必要がある。

付録 C　数学的記述

冒頭で理系文系を区別せずと断ったので，触れなければならない数学の約束事を簡単にまとめた。ただし数学の専門書ではないので，厳密な定義や証明は与えなかった。

C・1　総和記号，総乗記号

総和記号（Σ）とは要素を足し合わせるという意味である。足し合わせる範囲を記号の上下に付して $\sum_{i=1}^{N} x_i$ などと書かれていれば，

$$\sum_{i=1}^{N} x_i = x_1 + x_2 + \cdots + x_N, \tag{C.1}$$

と N 個の足し算を意味する。上下の範囲は省かれることもある。たとえば R に属する x の全要素であれば $\sum_{x \in R}$ となる。一方総乗記号（Π）は要素を掛け合わせる意味なので

$$\prod_{i=1}^{N} x_i = x_1 \times x_2 \times \cdots \times x_N, \tag{C.2}$$

となる。どちらの記号も文中に記す場合には行間が拡がってしまうのを避けるために $e^x = \sum_{n=0}^{\infty} \frac{x^n}{n!}$ と表記される。文中に書くか，独立した行として書いて数式番号を振るかの違いである。確率は，英語 probability の頭文字を用いて p または P と表記される場合が多い。事象 x が起こる確率は $p(x)$ である。2つ以上の事象が同時に生起する同時確率（joint probability）は事象間をカンマで区切る。事象 x と事象 y とが同時に生起する確率は $p(x,y)$ と表記される。事象 x が与えられた場合に事象 y が起

こる確率を条件付き確率（conditional probability）と呼び，$p(y|x)$ と縦棒を使って表記する。日本語だと順序が逆だが，英語では表記通りの順序でピー・オブ・ワイ・ギブン・エックスと読まれる。分布を定めるパラメータとデータや事象とを区別したい場合はセミコロンで区切る。パラメータをギリシャアルファベット，事象を英文字にする習慣がある。$p(x;\theta)$ は θ というパラメータの元で x が生起する確率を意味する。たとえば表の出る確率が 0.6 と歪んだコインを投げて両方とも表が出る確率は $p(x_1 =$ head, $x_2 =$ head; $\theta =0.6)$ と表記される。英語で硬貨の表を head と言い，裏は tail と言う。

C・2 微分，偏微分

微分とは接線の傾きである。滑らかな曲線であれば，その曲線上のどこでも必ず接線を引くことができる。この接線の傾きを求める操作を微分と言う。逆にある点で値が飛んでいたり尖っていたりすると微分できない。ある区間で微分可能であるとは，その区間では滑らかに繋がっている関数だという意味である。$y = f(x) = x^3$ のような関数であれば $f(x)$ を x について微分すると $df(x)/dx = 3x^2$ である。すなわち x の3次式で定義された関数を微分すれば，x の肩に乗っていた数3が1減って2になる。2次関数（双曲線）は1次関数（直線）になり，1次関数は0次関数（定数）になる。定数はもはや変化しない。

複数の変数を持つ関数を微分する際，1つの変数にだけ着目し，他の変数を無視して微分することを偏微分と言う。英語では partial differential である。偏った微分では

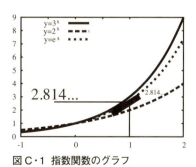

図 C・1 指数関数のグラフ

$e = 2.814...$ であれば $x=1$ のとき $ex=1$ $=2.814...$ であり、このときの接線の傾きも 2.814... である。

なく，部分微分と訳してもよさそうだが，慣例に従って偏微分と表記する。たとえば $z = x^2 + y^2 +$ は x と y からなる半径 z の円を表す関数である。z を x だけの関数と見なして微分する。このとき，通常の微分ではなく偏微分であることを表すために記号 ∂ を用いる。すなわち $\frac{\partial z}{\partial x} = 2x$ などとなる。z を x で2回微分する場合 $\frac{\partial^2 z}{\partial x^2} = \frac{\partial}{\partial x}\left(\frac{\partial z}{\partial x}\right)$ などと表記される。z を x と y とで偏微分すれば $\frac{\partial^2 z}{\partial x \partial y} = \frac{\partial}{\partial x}\left(\frac{\partial z}{\partial y}\right)$ となる。

C・3 指数, 関数

$y = x^3$ の3のような関数を x について微分するのではなく，$y = 3^x$ のように3と x との関係が逆の場合，この関数を指数関数（exponential function）と呼ぶ。3を一般化して a として x を実数に限定して描画すると図C・1になる。このとき a の取り方によって，接線の傾きがその関数の値そのものである場合がある。すなわち $f'(x) = f(x)$ であり，およそ $y = 2.814^x$ のとき，その関数の値が接線の傾きと等しい，微分しても形が変わらない関数となる。微分しても変わらないのであるから積分しても変わらない。したがって $-\infty$ からある値までのその関数と x 軸で囲まれた部分の面積がその関数の値そのもの（$f(x)$）となる。この値を e あるいは exp と表記する。e=2.814... であり，円周率と同じように，いかなる代数方程式の解でない超越数である。

対数は log あるいは ln と表記される。極言すれば対数とは「桁」のことである。底が 10 の対数を常用対数と言うが，この場合まさに桁であり，$\log_{10} 100 = 2$ であり，$\log_{10} 1000 = 3$ である。対数で表現することによって10と10000には1000倍の比があるが，対数に変換すれば，$\log_{10} 10 = 1$，$\log_{10} 10000 = 4$ となって，その差は3だけになる。一桁違うと1だけ違う。地震の規模を表すマグニチュード（magnitude という英単語には「大きさ」という意味しかないので，地震の規模を対数で表現する必然はないのだが）は対数で表現されているので，地震のマグニチュードが1違う地震とは1桁規模が違う地震だという意味である。実

際の地震では対数の底が32であるため1違うと32倍，2違うと1024倍大きくなる。ニューラルネットワーク，機械学習を含む統計学一般で対数が多用される理由は，対数変換すれば積が和になることが大きい。2つの事象が同時に生起する確率は，事象間が独立なら，それらの同時生起確率は，それぞれの生起確率の積になる。積が和になれば計算が楽になる。それぞれのパラメータを求める際に各パラメータについて微分する必要が生じる。このとき，各変数の和で表現された式では，無関係なパラメータを定数と見なすことができるので，微分が簡単になる。たとえば独立に平均 μ，分散 $\sigma^2 = 1^2$ なる正規分布に従うと仮定されるデータが2つ得られたとき (x_2, x_2)，平均 μ の対数尤度は $\log P(x_1, x_2; \theta) = -\frac{1}{2}\log(2\pi) - \frac{1}{2}(x_1-\theta)^2 - \frac{1}{2}\log(2\pi) - \frac{1}{2}(x_2-\theta)^2$ と e の肩の荷が下りて，しかも和になる。μ の最大値を求めるためには，この式を μ について微分して0と置く。すると $\frac{d}{d\mu}\log(P(x_1, x_2; \theta)) = 2\theta - (x_1+x_2) = 0$ と，さらに和やかになる。微分したのは最大値を求めるためであり，このときの接線の傾きは0となるはずである。この式を μ について解けば $\mu = (x_1+x_2)/2$ となって，この場合最尤推定量は標本平均と一致する。

C・4　畳み込み積分

畳み込み積分（convolution）あるいは合成積と呼ばれる演算は，数式で表現すれば

$$f * g(t) = \int_{\tau=0}^{t} f(\tau) g(t-\tau) \, d\tau \tag{C.3}$$

である。視覚情報処理の例を挙げれば第一次視覚野の方位選択制（orientation selectivity）を持つ線分検出細胞を考えればよい。入力画像に対して，任意の方位選択性を有する細胞は，その細胞の持つ受容野全域にわたって，方位選択性を持つ検出器を掛け合わせて積分すれば，その受容

野内にその方位を持つ線分が存在するか否かを判定することができる。入力信号（この場合入力画像の各ピクセルの明るさや色を表す数値）と特定の方位を表現した核関数（カーネル）との積を受容野全域にわたって調べることを意味する。カーネルに特別な制限はない。したがって，高次視覚野における超複雑細胞，あるいは特定の顔画像でもよい，任意のカーネルと入力画像との積を受容野全域にわたって積分すれば，入力画像に目的の核関数が含まれているか否かを判定することができる。

C・5 平正規分布

本書で何度か登場するガウシアン関数，あるいは正規分布の密度関数にもこの数値が含まれている。平均0，分散1の正規分布は $N(0, 1^2) = \frac{1}{\sqrt{2\pi}} \exp\left[-\frac{1}{2}x^2\right]$ と表記される。exp の前にある $\frac{1}{\sqrt{2\pi}}$ は，この関数を確率と見なすことができるように定義域($-\infty, \infty$)にわたって積分した場合に，その値が1になるようにするための調整項である。したがって正規分布の本質は $x = 0$ のとき最大値をとる $-x^2$ という項が exp の肩に乗っていて，原点から離れると急速に0に近づく釣鐘型の曲線であることにある。この関数を2回微分して0と置くと，変化の割合が増加傾向から減少傾向（あるいはその逆）に転じる界を表すこととなり $x = -1, +1$ の2点がこれに当たる。この変曲点を分散と言う。

C・6 線形数学

C・6・1 記号の定義と予備知識

ベクトルとはいくつかの数値をまとめて表現する方法である。たとえば x $= (x_1, x_2, ..., x_n)$ は n 次元のベクトルである。これに対して普通の意味での数値をスカラ（scalor）と言う。

行ベクトル（raw vector）とは n 個の数値が横に並んだもので，$\boldsymbol{a} = (a_1, a_2, ..., a_n)$ と表記する．列ベクトル（column vector）とは n 個の数値が縦に並んだものであり，

$$\boldsymbol{b} = \begin{pmatrix} b_1 \\ b_2 \\ \vdots \\ b_n \end{pmatrix} \tag{C.4}$$

および

$$\boldsymbol{b}^T = (b_1, b_2, \ldots, b_n) \tag{C.5}$$

とベクトルの肩に T や ' をつけて表記することもある．本書では T を用いた．

> 和書では縦書きの本があり、縦方向が行であるので混乱するかも知れない。縦書きの和書に慣れていると縦方向を行と思いがちであるが、英語などの横文字文化の影響を受けているからと考えれば、横方向が行であり、縦方向は列である。同様の理由で表計算ソフトも横方向を行、縦方向を列と言う。

C・6・2 ノルム

ベクトルのノルム（norm）あるいはユークリッドノルムとはベクトルの長さのことであり，$|a| = \sqrt{\boldsymbol{a}^T \boldsymbol{a}} = \sum_i a_i^2$ と表記する．$|x| = 1$ ならば正則化されたベクトルと言う．

C・6・3 内積

同じ次元を持つ2つのベクトルの内積（inner product）を $\boldsymbol{a}^T \boldsymbol{b}$ または $(\boldsymbol{a},$

b) と表記する。これは $(a \cdot b) = |a||b|\cos\theta = \sum_{i=1}^{n} a_i b_i$ である。2つのベクトルのなす角 θ は

$$\cos\theta = \frac{(a \cdot b)}{|a||b|} \tag{C.6}$$

である。内積は2つのベクトルの共線性，すなわち平行の度合いの尺度となり，特に $(a \cdot b) = 0$ ならばそれら2本のベクトルは直交し，$|x^T y| = |x||y|$ ならばそれら2本のベクトルは平行である。ベクトルのノルムと内積については以下の関係が成立する。

1. $|a|^2 = (a \cdot a)$
2. $|a + b|^2 = |a|^2 + |b|^2 + 2(a \cdot b)$
3. $(\alpha a \cdot b) = (a \cdot \alpha b) = \alpha (a \cdot b)$
4. $|a|^2 = 0 \Leftrightarrow a = 0$

ここで α はスカラである。

ベクトルの内積からコーシー・シュワルツ（Cauchy-Schwarz）の不等式

$$(a \cdot b)^2 \leq |a|^2 |b|^2 \tag{C.7}$$

$$\left(\sum a_i b_i\right)^2 \leq \left(\sum a_i^2\right)\left(\sum b_i^2\right) \tag{C.8}$$

が導出できる。

証明は任意の実数 t に対して

$$|a - tb|^2 = |a|^2 - 2t(a \cdot b) + t^2 |b|^2 \geq 0 \tag{C.9}$$

が常に成立するためには，判別式 D が負であればよい。したがって

$$D = (a \cdot b)^2 - |a|^2 |b|^2 \leq 0 \tag{C.10}$$

ゆえに

$$(a \cdot b)^2 \leq |a|^2 |b|^2 \tag{C.11}$$

C・6・4　ベクトル間の距離

2本のベクトル間の距離を $d(a, b) = |a - b|$ と定義すれば，次のことが成り立つ。

1. $d(a, b) \geq 0$
2. $d(a, b) = 0 \Leftrightarrow a = b$
3. $d(a, b) = d(b, a)$
4. $d(a, b) + d(b, c) = \geq d(a, c)$

最後のものは，三角不等式と呼ばれるものである。ベクトルの内積が2つのベクトルのなす角と関連付けられるものであったのに対し，行列の外積は，$(a \times b) = |a| |b| \sin\theta$ と定義され，2つのベクトルのなす平行四辺形の面積に関連する。

C・6・5　行列

数値を縦横の矩形に配置したものを行列（matrix）と言う。$A = (a_{ij})$ などと表される。これは i 行 j 列目の要素が a_{ij} であるという意味である。行数と列数の等しい行列を正方行列と言う。すべての要素が0である行列をゼロ行列と言い，太文字を使って $\boldsymbol{0}$ と表記する。ある行列の行と列とを入れ替えた行列を転置行列と言い，行列の肩に T または ' をつけて表す。横ベクトルの転置は縦ベクトルである（$A^T = (a_{ji})$）。転置行列には次のような性質がある。

$$\left(\boldsymbol{A}^T\right)^T = \boldsymbol{A} \tag{C.12}$$

$$(\boldsymbol{A}+\boldsymbol{B})^T = \boldsymbol{A}^T + \boldsymbol{B}^T \tag{C.13}$$

$$(\boldsymbol{A}\boldsymbol{B})^T = \boldsymbol{B}^T \boldsymbol{A}^T \tag{C.14}$$

転置行列と元の行列が等しい行列を対称行列と言う（$\boldsymbol{A}^T = \boldsymbol{A}$）。

対角行列

対角 a_{ii} 要素がゼロでなく，他の要素がすべてゼロ（$a_{ij} = 0, i \ne j$）である行列を対角行列（diagonal matrix）と言う。対角要素がすべて1の対角行列を単位行列といい $\boldsymbol{I} = (\delta_{ij})$ と表す。

行列のスカラ倍

行列のスカラ倍とは行列の各成分をスカラ倍したものであり，次のような演算が許される。λ, θ はスカラとすると，

$$\lambda \boldsymbol{A} = \boldsymbol{A}\lambda \tag{C.15}$$

$$(\lambda + \theta)\boldsymbol{A} = \lambda\boldsymbol{A} + \theta\boldsymbol{A} \tag{C.16}$$

$$\lambda(\boldsymbol{A}+\boldsymbol{B}) = \lambda\boldsymbol{A} + \lambda\boldsymbol{B}. \tag{C.17}$$

行列の和

行列の和は対応する各要素を加えたものである。このため行数と列数が等しい行列間でしか行列の和は定義されない。行列の和には次のような規則がある。

$$\boldsymbol{A}+\boldsymbol{B} = \boldsymbol{B}+\boldsymbol{A} \tag{C.18}$$

$$(\boldsymbol{A}+\boldsymbol{B})+\boldsymbol{C} = \boldsymbol{A}+(\boldsymbol{B}+\boldsymbol{C}) \tag{C.19}$$

行列の積

2つの行列の積は次のように定義される。$\boldsymbol{A}_{nm}\boldsymbol{B}_{ml} = \left(\sum_{j=1}^{m} a_{ij}b_{jk}\right)$ すなわち左の行列 $\boldsymbol{A}$ の列数と右の行 $\boldsymbol{B}$ の行数が等しくなければ行列の積は定義できない。掛け合わせてできる行列は左 $\boldsymbol{A}$ の行数と $\boldsymbol{B}$ の列数を持つ行列となる。両行列の対応する要素を掛けて，足し合わせる。直感的には図C・2に示したように，

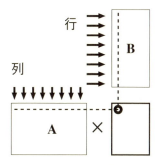

図C・2 行列の積の計算方法

行列 $\boldsymbol{B}$ を上に押し上げて対応する行列の行と列とが交差する要素を求める。

一般に $\boldsymbol{AB} \neq \boldsymbol{BA}$ である。行列の積には次のような性質がある。

$$(\boldsymbol{AB})\boldsymbol{C} = \boldsymbol{A}(\boldsymbol{BC}) \tag{C.20}$$

$$\boldsymbol{A}(\boldsymbol{B}+\boldsymbol{C}) = \boldsymbol{AB} + \boldsymbol{AC} \tag{C.21}$$

$$\boldsymbol{IA} = \boldsymbol{AI} = \boldsymbol{A} \tag{C.22}$$

行列式

一般に $d \times d$ の正方行列の行列式（determinant）はスカラで $\det(\boldsymbol{A})$ あるいは $|\boldsymbol{A}|$ などと表す。2次の正方行 $\boldsymbol{A} = \begin{pmatrix} a_1 & b_1 \\ a_2 & b_2 \end{pmatrix}$ の行列式は $\boldsymbol{a} = \begin{pmatrix} a_1 \\ a_2 \end{pmatrix}, \boldsymbol{b} = \begin{pmatrix} b_1 \\ b_2 \end{pmatrix}$ とすれば $a_1b_2 - a_2b_1$ であり，この2本のベクトルによって作られる平行四辺形の面積に等しい。$\boldsymbol{A}$ の列をベクトルと考え，それらのベクトルが線形独立ではないとすると $\boldsymbol{A}$ の行列式は0になる。逆行列が存在するためには行列式が0であってはならない。

行列式には次のような性質がある。

$$|A| = \prod_{i=1}^{n} a_{ii} \quad \text{対角行列,三角行列の行列式は} \atop \text{すべての対角成分の積に等しい} \tag{C.23}$$

$$|cA| = c^m |A| \quad \text{(A は m 次の正方行列)} \tag{C.24}$$

$$|A^T| = |A| \tag{C.25}$$

$$|AB| = |A||B| \tag{C.26}$$

$$|AB| = |BA| \tag{C.27}$$

$$|A^{-1}| = |A|^{-1} \tag{C.28}$$

逆行列

正方行列の行列式が 0 でなければ逆行列 (inverse matrix) が存在する。行列 A にある行列を掛けて答えが単位行列になるような行列を逆行列といい $AA^{-1} = I$ と表される。逆行列には次の性質が成り立つ。

$$(A^{-1})^{-1} = A \tag{C.29}$$

$$(A^T)^{-1} = (A^{-1})^T \tag{C.30}$$

$$(AB)^{-1} = B^{-1}A^{-1} \tag{C.31}$$

$$(\lambda A)^{-1} = \frac{1}{\lambda} A^{-1} \tag{C.32}$$

$$(A^{-1} + B^{-1})^{-1} = A(A+B)^{-1}B = B(A+B)^{-1}A \tag{C.33}$$

行列 M が正方行列でないときや,行列 M が正則でなく(線形独立でないなどのため)逆行列 M^{-1} が存在しないとき,次の擬似逆行列 $M^\dagger$ が定義できる。

$$M^{\dagger} = \left[M^T M\right]^{-1} M^T \tag{C.34}$$

擬似行列は $M^{\dagger} M = I$ が保証される。

直交行列

$L^T L = I$, $L^T = L^{-1}$ を満たす行列を直交行列（orthogonal matrix）と言う。

C・6・6　固有値

　固有値（Eigen values）とは，行列の性質を表す指標と考えればよい。任意の行列の固有値を求めるアルゴリズムはいくつか存在するが，その意味付けが簡単なものとして冪乗法（power method）と呼ばれる解き方がある（戸川, 1992）。この方法は与えられた行列を何度も掛け合わせる（冪乗する）。すると 1.0 より大きい数値は大きくなり，1.0 以下の数値は小さくなる。この操作は数値が大きい程顕著となり，終いには最も大きい数値に対応する成分だけが支配的となる。このときの数値を最大固有値と呼び，対応するベクトルを固有ベクトルと呼ぶ。この成分を元の行列から取り除いて同様の操作を行えば，2番目に大きい固有値が得られる。同様に行列の次数だけ繰り返すのが冪乗法の基本である。したがって，ある行列を特徴付ける成分に分解，あるいはまとめ上げる操作が固有値問題を解くことに相当する。分散共分散行列やそれを規格化した相関行列を効率よく眺めるために固有値問題と見なして，解釈しやすい意味を持たせるように操作する。これが，主成分分析や因子分析の基本精神である。

　たとえば

$$A = \begin{pmatrix} 1 & \frac{1}{2} \\ \frac{1}{2} & 1 \end{pmatrix} \tag{C.35}$$

として

$$\begin{pmatrix} x \\ y \end{pmatrix} \tag{C.36}$$

をどこに写すかを考える。

$$\begin{pmatrix} x' \\ y' \end{pmatrix} = A \begin{pmatrix} x \\ y \end{pmatrix} = \begin{pmatrix} x + \frac{y}{2} \\ \frac{x}{2} + y \end{pmatrix} \tag{C.37}$$

この行列 A は $y = x$ と $y = -x$ という直線の方向については拡大，縮小しかしない。すなわち

$$A \begin{pmatrix} x \\ x \end{pmatrix} = \frac{3}{2} \begin{pmatrix} x \\ x \end{pmatrix} \qquad A \begin{pmatrix} x \\ -x \end{pmatrix} = \frac{1}{2} \begin{pmatrix} x \\ -x \end{pmatrix} \tag{C.38}$$

そこで任意のベクトル $x = (x, y)'$ をこの2つのベクトルに分解して考える。すなわち $Ax = Ax_1 + Ax_2 = \frac{3}{2}x_1 + \frac{1}{2}x_2$

1. A には2つの比例拡大（縮小）の方向がある
2. A はその2つの方向への作用の和として表される

これを一般化すると n 次の正方行列 A に対して

$$Ax = \lambda x, \quad (x \neq 0) \tag{C.39}$$

を満たすベクトル x を A の固有ベクトル，λ を A の固有値と言う。

C・6・7 コレスキー分解

コレスキー分解（Cholesky decomposition）とは行列 A を三角行列 L の積に分解することである。

$$A = LL^*, \tag{C.40}$$

符号の自由度はあるが，対角成分を正にとる．その場合 L は一意に定まる．A が実対称行列の場合 $L^* = L^T$ と転置行列になる．

C・6・8　ベクトル空間

m 個の 0 でないベクトル $a_1, a_2, ..., a_m$ を用いて

$$\alpha_1 a_1 + \alpha_2 a_2 + \cdots + \alpha_m a_m = \mathbf{0} \tag{C.41}$$

が成り立つ条件を考える．$\alpha_i = 0 (i = 1, 2, ..., m)$ のときは明らかに成り立つ．上式が $\alpha_i = 0 (i = 1, 2, ..., m)$ 以外の自明でない解を持つとき，ベクトル $a_1, a_2, ..., a_m$ は線形従属（1次従属 linearly dependent）であると言う．反対に，上式が成り立つのは $\alpha_i = 0 (i = 1, 2, ..., m)$ に限るとき，線形独立（1次独立 linearly independent）であると言う．

$a_1, a_2, ..., a_m$ が線形独立なとき，$\alpha_i \neq 0$ を使って $b_k = -\alpha_k/\alpha_i (k = 1, 2, ..., m)$ を作って

$$a_i = b_1 a_1 + \cdots + b_{i-1} a_{i-1} + b_{i+1} a_{i+1} + \cdots + b_m a_m, \tag{C.42}$$

となる．したがって，あるベクトルの組が線形従属であるということは，その組の中のあるベクトルが他のベクトルの線形結合で表されることを意味している．

線形部分空間

m 個の線形独立なベクトルの線形結合の集合を

$$W = \left\{ \boldsymbol{b} \,\middle|\, \boldsymbol{b} = \sum_{i=1}^{m} a_i \boldsymbol{a}_i \right\}, \tag{C.43}$$

と表現する．m 次元ベクトル全体の集合を E^m とする．E^m の部分集合 W が

1. $\boldsymbol{a} \in W, \boldsymbol{b} \in W \to \boldsymbol{a} + \boldsymbol{b} \in W$
2. $\boldsymbol{a} \in W \to c\boldsymbol{a} \in W$

を満たすとき，これを m 次元の線形部分空間（linear subspace）と言う．

基底

任意の線形部分空間 W で線形独立な m 個のベクトルが存在し，($m + 1$) 個のベクトルは線形従属になると W の次元は r であると言い，dim W と表記する．上記の W に属する線形独立な m 個のベクトルを空間 W の基底（basis）と言う．また，空間 W は m 個のベクトルによって生成されると言う．このことを

$$W = S(\boldsymbol{a}_1, \boldsymbol{a}_2, \ldots, \boldsymbol{a}_m) = S(\boldsymbol{A}), \tag{C.44}$$

と表す．

m 次元の部分空間 W に属する m 個の線形独立なベクトルを $\boldsymbol{a}_1, \boldsymbol{a}_2, \ldots, \boldsymbol{a}_m$ とすると，W に属する任意のベクトルは $\boldsymbol{a}_1, \boldsymbol{a}_2, \ldots, \boldsymbol{a}_m$ の線形結合としてただ一通りに定まる．つまり，線形部分空間の任意のベクトルは，その空間を定める基底を用いて表現可能である．

一般に，基底の定め方は一通りではない．$\boldsymbol{a}_1, \boldsymbol{a}_2, \ldots, \boldsymbol{a}_m$ が W の基底ですべてが直交するとき，直交基底（orthogonal basis）と言う．さらに $\boldsymbol{b}_j = \boldsymbol{a}_j / |\boldsymbol{a}_j|$ とすると $|\boldsymbol{b}_j| = 1 (1 \leq j \leq m)$ となる．これを正規直交基底（orthonormal basis）と言う．$\boldsymbol{b}_1, \boldsymbol{b}_2, \ldots, \boldsymbol{b}_m$ が正規直交基底のとき

$$(\boldsymbol{b}_i \cdot \boldsymbol{b}_j) = \delta_{ij}, \tag{C.45}$$

である。

C・7　尤度

確率変数 X について，$X = x$ となる確率または確率密度がパラメータ θ の関数として与えられるとする。独立な n 個の標本における X の観測値 $x_1, x_2, ..., x_n$ が得られたとき，これらの標本が得られる確率（確率密度）はパラメータ θ を用いて

$$L(\theta) = \prod_{i=1}^{n} \mathrm{P}(X = x_i; \theta), \tag{C.46}$$

と表される。上式は θ の関数と見なすことができ，$l(\theta)$ を尤度関数 (likelihood function) と呼ぶ。$x_1, x_2, ..., x_n$ および θ はスカラとして表したが，ベクトルの場合も同様である。尤度関数は (C.45) 式の対数をとって，

$$\log L(\theta) = \sum_{i=1}^{n} \log \mathrm{P}(X = x_i; \theta), \tag{C.47}$$

と表記される。

C・7・1　対数尤度関数

尤度は以下のようにデータ $x_1, x_2, ..., x_n$ が与えられたときのモデルのパラメータの関数として表される。すなわち尤度とは観測データが与えられたときのモデルを記述するパラメータ θ の関数である。

$$\mathrm{L}(h) = \prod_{i=1}^{N} p\left(\theta | \boldsymbol{x}_1, \ldots, \boldsymbol{x}_n\right) \tag{C.48}$$

釣鐘型のガウシアン関数であれば密度関数は

$$\widetilde{p}\left(\theta, \sigma^2 | x\right) = \frac{1}{\sqrt{2\pi\sigma^2}} \exp\left\{-\frac{1}{2}\frac{(x-\theta)^2}{\sigma^2}\right\}, \tag{C.49}$$

で与えられるので推定すべきパラメータは $\theta = (\mu, \sigma^2)^t$ である。尤度の対数の期待値は

$$\begin{aligned}\mathcal{E}\left[-\ln \mathrm{L}\right] &= -\lim_{N\to\infty} \frac{1}{N} \sum_{n=1}^{N} \ln \widetilde{p}\left(\boldsymbol{x}^n\right) & (\mathrm{C.50})\\ &= -\int p\left(\boldsymbol{x}\right) \ln \widetilde{p}\left(\boldsymbol{x}\right) d\boldsymbol{x} & (\mathrm{C.51})\end{aligned}$$

となる。この式は，観測データから推測されるモデルのパラメータと分布の持つ真のパラメータとの距離と解釈することができ

$$\int p\left(\boldsymbol{x}\right) \ln p\left(\boldsymbol{x}\right) d\boldsymbol{x}, \tag{C.52}$$

を $p(x)$ のエントロピー（entropy）と言う。$\widetilde{p}(x)$ と $p(x)$ との距離

$$L = -\int p\left(\boldsymbol{x}\right) \ln \frac{\widetilde{p}\left(\boldsymbol{x}\right)}{p\left(\boldsymbol{x}\right)} d\boldsymbol{x}, \tag{C.53}$$

をカルバック・ライブラー情報量（Kullback-Leibler divergence）と言う。分布を記述するパラメータの数が増えれば予測の精度は向上するのは当然であるが，ニューラルネットワークにおいては，パラメータ数はデータサイズに依存して増加するのではなく，真のモデルの複雑さに依存して増加する（Bishop, 1995）。

C・7・2 最尤推定法

x_i と θ を次のようにベクトルで表すと

$$\boldsymbol{x}_i = (x_{i1}, x_{i2}, \ldots, x_{ip})^T, \quad \boldsymbol{\theta} = (\theta_1, \theta_2, \ldots, \theta_p)^T, \quad \text{(C.54)}$$

得られた標本 $x = i (i = 1, ..., n)$ に対して $L(\theta)$ を最大にするような θ を母数の推定値とするのが最尤推定法（maximum likelihood estimatation）である。この $L(\theta)$ を最大にする θ の値を $\hat{\theta}$ と記し最尤推定量（maximum likehood estimator）と呼ぶ。$L(\theta)$ を最大にすることと，$\log L(\theta)$ を最大にすることとは同値である。

C・7・3 情報量規準

モデルを記述するパラメータを決めると解が求まる。モデルの優劣を比較するには統計的意思決定法として提案されてきた手法を用いる。具体的には AIC（赤池情報量規準 Akaike Information Criteria）（Akaike, 1974），BIC（ベイズ情報量規準: Bayesian Information Criteria），（Schwartz, 1978），MDL（最小記述長: Minimum Description Length）（Grünwakd, 2005; Rissanen, 1978），および NIC（ニューラルネットワーク情報量規準: Network information Criteria）（Murata, Yoshizawa, & Amari, 1994）が提案されている。

$$AIC = -2\ln L(\theta) + 2p \quad \text{(C.55)}$$

$$BIC = -2\ln L(\theta) + p\ln(p) \quad \text{(C.56)}$$

$$MDL = -\ln(\theta) + \frac{p}{2}\ln(p) \quad \text{(C.57)}$$

$$NIC = D(p(\theta)) + \frac{1}{t}tr\left(G(\theta)Q(\theta)^{-1}\right) \quad \text{(C.58)}$$

ここで θ はモデルのパラメータを表している。$L(\theta)$ は θ の下での対数尤度であり，p はパラメータ数である。AIC，BIC，MDL の三者の関係については赤池による日本語の比較がある（赤池，1976）。AIC，BIC，MDL は「負の対数尤度＋ペナルティ」という形になっている。モデルの当てはまりとは，対数尤度が最大（したがって負の対数尤度は最小）で，かつ，パラメータの数が少ないものが最小の値をとる。それぞれの考え方によって，AIC，BIC，MDL は，ペナルティの重みが異なる。しかしその本質は，少ないパラメータで最もデータを説明できるモデルを選択すべきだと主張している。NIC についてはモデルの適合度を尤度に限定しない。そこで尤度 L の代わりに乖離の度合い（Divergence）が何らかの形で定義できればよいという意味で D という記号になっている。ペナルティ項についても，AIC の元になった竹内の規準を素直に解釈した形である。さらに良く用いられる規準として VC 次元（ヴァプニク・チェルボニンクス次元 Vapnik-Chervonenkis dimension）もある（Vapnik & Chervonenkis, 1971）。

結局どれを使うべきか迷うが，どの規準を用いるにしても，ある規準で最小のモデルが真であることを意味しない。採用した正則化法に従って計算した結果，ある統計量規準で測定した場合の順序を与えるだけであって，情報量規準が最小であることをもってその正則化法が正しいことを主張するものではない。繰り返すが，最低でも滑らかさ，単純さ，疎性，の3つの正則化法が考えうるのであって，これら原理の間に優劣をつけるものではない。

C・7・4 AIC

AIC（赤池の情報量規準）とは，パラメータ $\theta = (\theta_1, \theta_2, ..., \theta_p)^T$ に対して，その最尤推定量ベクトルを $\hat{\theta}$ とすると，

$$\mathrm{AIC} = -2\ln L\left(\hat{\theta}\right) + 2p, \tag{C.59}$$

を言う。たとえば $X_1, X_2, ..., X_n$ が独立に平均 μ，分散 σ^2 の正規分布に

従うとする.正規分布の確率密度関数の対数をとって最尤推定量を代入すれば

$$\log L\left(\hat{\mu}, \hat{\sigma}^2\right) = -\frac{n}{2} ln\left(2\pi\hat{\sigma}^2\right) - \frac{n}{2} \qquad \text{(C.60)}$$

ゆえに

$$\text{AIC} = n\,ln(\hat{\sigma}^2) + n\,ln(2\pi) + n + 4 \qquad \text{(C.61)}$$

を得る.正規分布を仮定したモデルでは σ^2 の推定値から AIC の比較を行うことができる.

C·8 枝刈り法

一般化と過学習,さらに中間層のユニット数問題とも関連する技法として正則化項を導入する一連の手法の総称を枝刈り法と言う.この手法は,初期視覚過程における計算理論である標準正則化理論とも関連付けられる.最適化すべき目標関数に正則化項を加えた関数を最適化することによって定式化される (Poggio et al., 1985).標準正則化理論に基づく手法では誤差関数に滑らかさの制約を示す項を加えたものを新たな誤差関数として定義し,次の関数を最小化するようにネットワークを訓練する.

$$\widetilde{E} = E + \nu\Omega \qquad \text{(C.62)}$$

ここで E は誤差関数である.パラメータ v はペナルティ項(正則化項)Ω の影響を支配する定数である.v が大きければ正則化項の影響が大きくなり,小さければ正則化項の影響を受けにくくなる.

C·8·1 重み崩壊法

最も単純な方法は重み崩壊（weight decay）法と呼ばれるもので，正則化項として

$$\Omega = \frac{1}{2} \sum_i w_i^2 \tag{C.63}$$

を用いる。重み崩壊法には結合係数が不必要に大きくなるのを抑制する効果がある。すなわち，結合係数の爆発的増加を抑えることによって過学習を抑止するという効果が期待できる。具体的に w_{ij} の更新後に

$$w_{ij}^{\text{new}} = (1 - \epsilon) w_{ij}^{\text{old}} \tag{C.64}$$

を用いる。これはバックプロパゲーションで使われる誤差の2乗和 E に w_{ij} の2乗和を加えた

$$\widetilde{E} = E + \frac{\nu}{2} \sum w_{ij}^2 \tag{C.65}$$

を新たに誤差関数としてバックプロパゲーションアルゴリズムによる結合係数の更新式

$$\Delta w_{ij} = -\eta \frac{\partial \widetilde{E}}{\partial w_{ij}} \tag{C.66}$$

を適用するのと同じである。2乗誤差 E が0であると見なすとき，上式を連続近似できると考えて

$$\frac{dw_{ij}}{d\tau} = -\eta \nu w_{ij} \tag{C.67}$$

とすれば，この微分方程式の解は

$$w_{ij}(\tau) = w_{ij}(0) \exp(-\eta \nu \tau), \qquad \text{(C.68)}$$

という指数関数になって 0 に漸近するからである。

　中間層のユニット数をネットワークに学習させるという手法も開発されている。最初は十分な数のユニットを用意して，結合係数 w_{ij} が徐々に 0 になるような傾向を持たせて，学習によって結合係数が補強されない限り不必要な結合を除去する方法である。式 (C.63) は大きな値を持つ w_{ij} に対して大きな減衰傾向を持たせているので，不必要な結合はなるべく早く 0 に近づくように

$$w_{ij}^{\text{new}} = \left(1 - \frac{\gamma}{\left(1 + w_{ij}^2\right)^2}\right) w_{ij}^{\text{old}}, \qquad \text{(C.69)}$$

とする手がある。

　重み崩壊法は枝刈り（pruning）法，すなわち，最適なネットワーク構造を探索するための手段として用いられる。最初は全結合を作っておいて，正則化項を用いて学習を行い，ある一定のしきい値以下の結合係数をゼロとしてネットワークを簡略化する方法である。最初に全結合を作っておいて，後で不要なものを刈り取ることは，網膜から外側膝状体への投射，外側膝状体から第一次視覚野の間でも観測されている事実である。脳内でどのユニットがどの役割を果たすかが出生直後から決まっているわけではない。出生後の環境によって柔軟に対応できるようにするためには，この方が有利なのだとの解釈も成り立つ。また，染色体遺伝子座 $16p11.2$ の異常によって引き起こされる，自閉症，統合失調症，てんかん，その他の精神神経疾患において，白質（white matter）における正常な枝刈りが行われないことが繰り返し示されてきたし，最近もその報告がある（Owen et al., 2014; Tang et al., 2014）。

C・8・2 重み消去

重み崩壊法は大きな結合係数よりも小さな結合係数を好む手法である。一方，正則化項として以下の式 (C.70) を用いる手法を重み消去（weight elimination）と言う。

$$\widetilde{E} = E + \nu \sum_i \frac{w_i^2}{\widehat{w}^2 + w_i^2}, \qquad \text{(C.70)}$$

式 (C.70) を wi で微分すれば

$$\frac{\partial}{\partial w_i} \sum_i \frac{w_i^2}{\widehat{w}^2 + w_i^2} = \frac{2w_i\left(\widehat{w}^2 + w_i^2\right) - 2w_i^2 w_i}{\left(\widehat{w}^2 + w_i^2\right)^2} = \frac{2w_i \widehat{w}^2}{\left(\widehat{w}^2 + w_i^2\right)^2}, \qquad \text{(C.71)}$$

となる。この式は w_i が $\hat{w}$ に比べて十分に小さければ，分母が定数と見なせることになり，重み崩壊法と同じように 0 に近づくことが分かる。一方 wi が $\hat{w}$ に比べて大きければ大きい程 $1/w^3$ のオーダーで変化が小さくなる。すなわちこの正則化項は，小さな結合係数を 0 に近づけ，大きな結合係数はそのままにするという傾向があることが分かる。この性質により重み消去法では，小さな結合係数と大きな結合係数が残り，中間の結合係数が減少する，メリハリの利いたネットワークを構成しやすいことを意味する。

C・8・3 重み先鋭化

重み先鋭化（weight sharpen）とは，

$$w_{t+1} = w_t + \begin{cases} +\alpha(1 - w_t), & \text{to be sharpen} \\ -\alpha w_t, & \text{otherwise} \end{cases} \quad \text{(C.72)}$$

で与えられる (French, 1991)。α は先鋭化係数と呼ばれる。予め定められた k 個の中間層ユニットに対して先鋭化を行い,その他のユニットは同じ先鋭化係数の割合で減じられる。すなわち重み崩壊と同じ扱いを受ける。

引用文献

Abbott, L. F. (1999). Lapicque's introduction of the integrate-and-fire model neuron (1907). *Brain Research Bulletin, 50*, 303-304.

Abu-Mostafa, Y. S. (2012). Machines that think for themselves. *Scientific American, 289*(7), 78-81.

Akaike, H. (1974). A new look at the statistical model identification. *IEEE Transaction of Autom. Control, AC-19*, 716-723.

赤池弘次 (1976). AIC と MDL と BIC.『オペレーションズリサーチ』*41*, 375-378.

甘利俊一 (1978).『神経回路網の数理』東京産業図書.

Anifowose, F. A. (2010). A comparative study of gaussian mixture model and radial basis function for voice recognition. *International Journal of Advanced Computer Science and Applications IJACSA, 1*, 1–9.

浅川伸一 (2003). 単純再帰型ニューラルネットワークの心理学モデルとしての応用可能性.『心理学評論』*46*, 274-287.

Asakawa, S. (2014). Semantics with or without categorization. In A. Costa & E. Villalba (Eds.), Horizons in neuroscience research (*Vol. 16*, pp. 139-178). New York, NY: NOVA Science Publishers. https://www.novapublishers.com/catalog/product_info.php?products_id=53054

Bell, A. J., & Sejnowski, T. J. (1995). An information maximisation approach to blind separation and blind deconvolution. *Neural Computaion, 7*, 1004.1034.

Bengio, Y., Louradour, J., Collobert, R., & Weston, J. (2009). Curriculum learning. In *ICML'09 Proceedings of the 26th Annual International Conference on Machine Learning* (pp.41-48). New York, NY: ACM.

Bi, G. qiang, & Poo, M. ming. (1998). Synaptic modifications in cultured hippocampal neurons: Dependence on spike timing, synaptic strength, and postsynaptic cell type. *Journal of Neuroscience, 18*, 0464-10472.

Bishop, C. (1995). *Neural networks for pattern recongnition*. Oxford University Press.

Boser, B. E., Guyon, I. M., & Vapnik, V. N. (1992). *A training algorithm for optimal margin classifiers*. ACM Press.

Brand, M. (2006). Fast low-rank modifications of the think: Singular value decomposition. *Linear Algebra and Its Applications, 415*, 20-30.

ブラットマン, M. E. (1994).『意図と行為 —— 合理性、計画、実践的推論』(門脇俊介・高橋久一郎, Trans.). 産業図書. (Original work published 1987; *Intention, plans, and practical reason*, Bratman M. E., Harvard University Press, Cambridge, MA)

Carreira-Perpiñán, M. A., & Hinton, G. E. (2005). On contrastive divergence learning. In R. G. Cowell & Z. Ghahramani (Eds.), *Artificial intelligence and statistics* (pp.33-40). Barbados.

Chen, S., Cowan, C. F. N., & Grant, P. M. (1991). Orthogonal least squares learning algorithm for radial basis function networks. *IEEE Transactions on Neural Networks, 2*, 302–309.

Coltheart, M., Rastle, K., Perry, C., Langdon, R., & Ziegler, J. (2001). DRC: A dual route cascadedmodel of visualwordrecognitionandreadingaloud. *Psychological Review, 108*, 204-256.

Comon, P. (1994). Independent component analysis: A new concept? *Signal Processing, 36*, 287-314.

Crick, F. (1989). The recent excitement about neural network. *Nature, 337*, 129-132.

Dahl, G. E., Sainathy, T. N., & Hinton, G. E. (2013). Improvingdeep neuralnetworks for LVCSR using rectified linear units and DROPOUT. In *Proceedings of the IEEE International Conference on Acoustic Speech and Signal Processing* (ICASSP2013). Vancouver, BC, Canada.

Davies, P. I., & Smith, M. I. (2004). Updating the singular value decomposition. *Journal of Computational and Applied Mathematics, 170*, 145-167.

Elman, J. L. (1990). Finding structure in time. *Cognitive Science, 14*, 179-211.

Elman, J. L. (1991a). Distributed representations, simple recurrent networks, and grammatical structure. *Machine Learning, 7*, 195-225.

Elman, J. L. (1991b). *Incremental learing, or the importance of starting small* (Vol. 9101). San Diego, CA.

Elman, J. L. (1993). Learning and development in neural networks: The importance of starting small. *Cognition, 8*, 71-99.

Elman, J. L. (1995). Language as a dynamical system. In R. F. Port & T. van Gelder (Eds.), *Mind as motion: Explorations in the dynamics of cognition* (pp.195-223). Cambridge, MA: MIT Press.

Elman, J. L., Bates, E. A., Johnson, M. H., Karmiloff-Simth, A., Parisi, D., & Plunkett, K. (1996). *Rethinking innateness: A connectionist perspective on development*. MIT Press.

Erhan, D., Bengio, Y., Courville, A., Manzagol, P.-A., Vincent, P., & Bengio, S. (2010). Why does unsupervised pre-training help deep learning? *Journal of Machine Learning Research, 11*, 625-660.

Fahlman, S. E., & Lebiere, C. (1990). The cascade-correlation learning architecture. In D.Touretzky (Ed.), *Advances in neural information processing systems* (Vol.2, pp.524-532). Morgan-Kaufman.

Farah, M. J., & McClelland, J. L. (1991). A computational model of semantic memory impairment: Modality specificity and emergent category specificity. *Journal of Experimental Psychology: General, 120*, 339-357.

Felleman, D. J., & Essen, D. C. V. (1991). Distributed hierarchical processing in the primate cerebral cortex. *Cerebral Cortex, 1*, 1-47.

フィッシャー, R. A. (1970). 『研究者のための統計的方法』（遠藤健児・鋸谷清治, Trans.）. 東京：森北出版. (Original work published 1925; *Statistical Method for Research Workers*, Ronald A. Fisher, Olvier and Boyd, London)

French, R. M. (1991). *Using semi-distributed representations to overcome catastrophic forgetting in connectionist networks*. NJ: LEA.

French, R. M. (1999). Catastrophic forgetting in connectionist network: Causes, consequences and solutions. *Trends in Cognitive Sciences, 3*, 128-135.

Fukushima, K. (1980). Neocognitron: A self-organizing neural network model for a mechanism of pattern recognition unaffected by shift in position. *Biological Cybernetics, 36*, 193-202.

Fukushima, K. (2013). Artificial vision by multi-layered neural networks: Neocognitron and its advances Neural Networks, 37,103–119.

福島邦彦 (1983). 『ネオコグニトロンによるパターン認識』トリケップス.

Fukushima, K., & Miyake, S. (1982). Neocognitron: A self-organizing neural network model for a mechanism of visual pattern recognition: Competition and cooperation in neural nets. In S. Amari & M. A. Arbib (Eds.), *Lecture notes in biomathematics* (Vol.45, pp.267-285). Berlin, Heidelberg, New York: Springer-Verlag.

船橋賢一 (2000). 多層パーセプトロン．甘利俊一・外山敬介（編）『脳科学大辞典』(pp.679-680). 東京：朝倉書店．

Glorot, X., Bordes, A., & Bengio, Y. (2011). Deep sparse rectifier neural networks. In *Proceedings of the 14th International Conference on Articial Intelligence and Statistics* (AISTATS) (Vol.15, pp.315-323). Fort Lauderdale, FL.

Goodfellow, I. J., Warde-Farley, D., Mirza, M., Courville, A., & Bengio, Y. (2013). Maxout networks. *arXiv:1302. 4389v4, stat.ML*.

Gorrell, G. (2006). Generalized hebbian algorithm for incremental singular value decomposition in natural language processing. In *11th Conference of the European Chapter of the Association for Computational Linguistics* (pp.97-104). Stroudsburg, PA, USA.

Graves, A.,Wayne, G., & Danihelka, I. (2014). Neural Turing machines. arXiv/cs (http://arxiv.org/abs/1410.5401v1).

Grünwald, P. (2005). A tutorial introduction to the minimum description length principle. In P. Grunwald, I. Myung, & M. Pitt (Eds.), *Advances in minimum description length: Theory and applications*. USA: MIT Press.

Gülçehre çagˇlar, & Bengio, Y. (2013). Knowledge matters: Importance of prior information for optimization. In L. Bottou & M. Littman (Eds.), *International Conference on Learning Representations* (ICLR2013). Scottsdale, AZ.

萩原裕子 (1998). 『脳にいどむ言語学』東京：岩波書店．

Hassibi, B., Stork, D. G., & Wolff, G. (1993). Optimal brain surgeon. In S. J. Hanson, J. D. Cowan, & C. L. Giles (Eds.), *Advances in Neural Information Processing Systems* (Denver) (Vol.5, pp.164-171). San Mateo: Morgan Kaufmann.

Hastie, T., Tibshirani, R., & Friedman, J. (2001). *The elements of statistical learning* (2 ed.). New York:

Springer-Verlag.

Hebb, D. O. (1949). The organization of behavior. In *Neurocomputing*. New York: MIT Press.

Heibeck, T. H., & Markman, E. M. (1987). Word learning in children. *Child Development, 58*,1021-1034.

Hinton, G. E. (2002). Training products of expertsby minimizing contrastive divergence. *Neural Computation, 14*, 1771-1800.

Hinton, G. E., Krizhevsky, A., & Wang, S. D. (2011). Transforming auto-encoders. In *International Conference on Artificial Neural Networks*, ICANN-11. Helsinki, Finland.

Hinton, G. E., Osindero, S., & Teh, Y.-W. (2006). A fast learning algorithm for deep beliefnets. *Neural Computation, 18*, 1527-1554.

Hinton, G. E., & Salakhutdinov, R. (2006). Reducing the dimensionality of data with neural networks. *Science, 313*, 504-507.

Hinton, G. E., & Sejnowski, T. J. (1986). Learning and relearning in Boltzmann machines. J. L. McClelland & D. E. Rumelhart (Eds.), *Parallel distributed processing: Explorations in the microstructures of cognition* (Vol.1, pp.282.317). Cambridge, MA: MIT Press.

Hinton, G. E., & Shallice, T. (1991). Lesioning an attractor network: Investigations of acquired dyslexia. *Psychological Review, 98*, 74-95.

Hinton, G. E., Srivastava, N., Krizhevsky, A., Sutskever, I., & Salakhutdinov, R. R. (2012). Improving neural networks by preventing co-adaptation of feature detectors. *The Computing Research Repository (CoRR), abs/1207.0580.*

Hinton, G. E., & Zemel, R. S. (1994). Autoencoders, minimum description length, and helmholtz free energy. In J. D. Cowan, G. Tesauro, & J. Alspector (Eds.), *Advances in Neural Information Processing Systems* (Vol.6). San Mateo, CA: Morgan Kaufmann.

Hopfield, J. J. (1982). Neural networks and physical systems with emergent collective computational abilities. *Proceedings of the NationalAcademy of Sciences, 79*, 2554-2558.

Hopfield, J. J., & Tank, D. W. (1985). "Neural"computation of decisions in optimization problems. *Biological Cybernetics, 52*, 141-152.

Hopfield, J. J., & Tank, D. W. (1986). Computing with neural circuits: A model. *Science, 233*, 625-633.

Hubel, D., & Wiesel, T. N. (1962). Receptive fields, binocular interaction and functional architecture in the cat's visual cortex. *Journal of Physiology, 160*, 106-154.

Hubel, D., & Wiesel, T. N. (1968). Receptive fields and functional architecture of monkey striate cortex. *Journal of Physiology, 195*, 215-243.

ハンフリーズ, G. W.・リドック, M. J. (1992).『見えているのに見えない？ —— ある視覚失認症者の世界』（河内十郎・能智正博, Trans.）．東京：新曜社．(Original work published 1987; *To see but not to see: A case study of visual agnosia*, Glyn W. Humphreys and M. Jane

Riddoch, Lawrence Erlbaum Associates, UK)

Hyötyniemi, H. (1996). Turing machines are recurrent neural networks. In J. Alander, T. Honkela, & M. Jakobsson (Eds.), *STeP96: Genes Nets and Symbols* (pp.13-24). Finnish Artificial Intelligence Society.

Hyvärinen, A., Hoyer, P. O., & Inki, M. (2001). Topographic independent component analysis. *Neural Computation, 13*, 1527-1558.

Hyvärinen, A., Karhunen, J., & Oja, E. (2001). *Independent component analysis.* New York, USA: John Wiley and Sons.

Hyvärinen, A., & Oja, E. (2000). Independent component analysis: Algorithms and applications. *Neural Networks, 13*, 411-430.

一美奈緒子・橋本衛・池田学 (2014). 意味性認知症における「語彙の維持訓練」の効果．『第38回日本神経心理学会大会予稿集』山形．

Imai, M., & Kita, S. (2014). The sound symbolism bootstrapping hypothesis for language acquisition and language evolution. *Philosophical transactions of the royal society, B: Biological sciences, 369*, 20130298.

今井むつみ・野島久雄 (2003).『人が学ぶということ ── 認知学習論からの視点』東京：北樹出版．

伊理正夫・児玉慎三・須田信英 (1982). 特異値分解とそのシステム制御への応用．『計測と制御』*21*, 763-772.

Jacobs, R. A., & Jordan, M. I. (1991). A competitive modular connectionist architecture. In *Advances in neural information processing systems* (Vol.3, pp.767-773). San Fransisco, CA, USA: Morgan-Kaufmann.

Jordan, M. I., Ghahramani, Z., Jaakkola, T. S., & Saul, L. K. (1999). An introduction to variational methods for graphical models. *Machine Learning, 37*, 183-233.

Karmiloff-Smith, A. (2009). Nativism versus neuroconstructivism: Rethinking the study of developmental disorders. *Developmental Psychology, 45*, 56-63.

小林春美・佐々木正人 (1987).『子どもたちの言語獲得』東京：大修館書店．

小林春美・佐々木正人 (2008).『新・子どもたちの言語獲得』東京：大修館書店．

Kohonen, T. (1985). *Self-organizing maps.* Springer-Verlag.

コホネン，T. (1997).『自己組織化マップ』(2nd ed.). 東京：シュプリンガー・フェアラーク．(Original work published 1996; *Self-Organiziing Maps*,(1996). Kohonen, T. 2nd edition, Springer-Verlag.)

Krizhevsky, A., & Hinton, G. E. (2011). Using very deep autoencoders for content-based image retrieval. In *European Symposium on Artificial Neural Networks ESANN*. Bruges, Belgium.

Krizhevsky, A., Sutskever, I., & Hinton, G. E. (2012). ImageNet classification with deep convolutional neural networks. In P. L. Bartlett, F. C. N. Pereira, C. J. C. Burges, L. Bottou, & K. Q. Weinberger

(Eds.), *Advances in Neural Information Processing Systems 25: 26th Annual Conference on Neural Information Processing Systems*. Lake Tahoe, Nevada, USA.

Krogh, A., & Hertz, J. A. (1991). A simple weight decay can improve generalization. In J. Moody, S. Hanson, & R. Lippmann (Eds.), *Advances in neural information processing systems* (Vol.4, pp.950-957). Morgan-Kaufman.

Landauer, T. K., & Dumais, S. T. (1997). A solution to plato's problem: The latent semantic analysis theory of acquistion, induction, and representation of knowledge. *Psychological Review, 104*, 211-240.

Landauer, T. K., Foltz, P. W., & Laham, D. (1998). An introduction to latent semantic analysis. *Discourse Processes, 25*, 259-284.

Lapicque, L. (1907). Recherches quantitatives sur l'excitation électrique des nerfs traitée comme une polarisation (N. Brunel & M. C. W. van Rossum, Trans.). *Journal de Physiologie et de Pathologie Générale, 9*, 620-635.

LeCun, Y., Bottou, L., Bengio, Y., & Haffner, P. (1998). Gradient-based learning applied to document recognition. *Proceedings of the IEEE, 86*, 2278-2324.

LeCun, Y., Denker, J. S., & Solla, S. A. (1990). Optimal brain damage. In D. S. Touretzky (Ed.), *Advances in Neural Information Processing Systems* (Vol.2, pp.589-605). Denver, WS, USA: Morgan Kaufmann.

Lee, H., Grosse, R., Ranganath, R., & Ng, A. Y. (2009). Convolutional deep beliefnetworks for scalable unsupervised learning of hierarchical representations. In *Proceedings of the 26th International Conference on Machine Learning* (pp.609-616). Montreal, Canada.

Levenberg, K. (1944). A method for the solution of certain non-linear problems in least squares. *Quartetly of Applied Mathematics, 2*, 164-168.

Linsker, R. (1986a). From basic network princples to neural architecture: Emergence of orientation columns. *Proceedings National Academy of Science. USA, Neurobiology, 83*, 8779-8783.

Linsker, R. (1986b). From basic network princples to neural architecture: Emergence of orientation-selective cells. *Proceedings National Academy of Science. USA, Neurobiology, 83*, 8390-8394.

Linsker, R. (1986c). From basic network princples to neural architecture: Emergence of spatial-opponent cells. *Proceedings National Academy of Science. USA, Neurobiology, 83*, 7508-7512.

Linsker, R. (1988). Self-organization in a perceptual network. *IEEE Computer, 21*, 105-117.

Linsker, R. (1997). A local learning rule that enables information maximization for arbitrary input distributions. *Neural Computation, 9*, 1661-1665.

MacKay, D. J. C. (1992). A practical bayesian framework for backpropagation networks. *Neural Computation, 4*, 448-472.

Majani, E., Erlanson, R., & Abu-Mostafa, Y. (1989). On the k-winners-take-all network. In D. S. Touretzky (Ed.), *Advances in neural information processing systems* (Vol.1, pp.634-642). San Mateo,

CA: Morgan Kaufmann.

Marquardt, D. W. (1963). An algorithm for least-squares estimation of nonlinear parameters. *Journal of the Society for Industrial and Applied Mathematics, 11*, 431-441.

Marr, D. (1982). *Vision*. San Francisco, USA: W. H. Freeman and Company.

McClelland, J. L., McNaughton, B. L., & O'Reilly, R.C. (1995). Why there are complementary learning systems in the hippocampus and neocortex. *Psychological Review, 102*, 419-457.

McClelland, J. L., & Rumelhart, D. E. (1981). An interactive activation model of context effects in letter perception: Part 1. An account of basic findings. *Psychological Review, 88*, 375-407.

McCloskey, M., & Cohen, N. J. (1989). Catastrophic interference in connectionist networks: The sequential learning problem. In G. H. Bower (Ed.), *The psychology of learning and motivation* (Vol.24, pp.109-164). New York, NY, USA: Academic Press.

McCulloch, W. S., & Pitts, W. (1943). A logical calculus of the ideas immanent in nervous activity. *Bulletin of Mathematical Biophysics, 5*, 115-133. (in Neurocomputing, Anderson, J. A. & Rosefeld, E., *Neurocomputing*, MIT Press, chapt 2, 1988.)

Métin, C., & Frostt, D. (1989). Visual responses of neurons in somatosensory cortex of hamsters with experimentally induced retinal projections to somatosensory thalamus. *Proceedings of National Academy of Science, USA, Neurobiology, 86*, 357-361.

Minsky, N., & Papert, S. (1988). *Perceptrons*. Cambridge, MA: MIT Press.（Expanded Edition ed.; 中野馨・坂口豊 , Trans. 『パーセプトロン』パーソナルメディア .）

守一雄 (1996). 『やさしいモデルの話』東京：新曜社 .

Murata, N., Yoshizawa, S., & Amari, S. (1994). Network information criterion determining the number of hidden units for an artificial neural netwrok model. *IEEE Transactions on Neural Networks, 5*, 865-872.

Nair, V., & Hinton, G. E. (2008). Implicit mixtures of restricted boltzmann machines. In *Proceedings of the Twenty-Second Annual Conference on Neural Information Processing Systems* (Vol.21). Vancouver, British Columbia, Canada.

Nair, V., & Hinton, G. E. (2010). *Rectified linear units improve restricted boltzmann machines*. Haifa, Israel: Omnipress.

中野馨 (1979). 『アソシアトロン —— 連想記憶のモデルと知的情報処理』東京：昭晃堂 .

錦見美貴子 (1998). 『言語を獲得するコンピュータ』東京：共立出版 .

大森隆司・下斗米貴之 (2000). 文法を利用した語彙獲得における加速現象の脳モデル化 . 『認知科学』 *7*, 223-235.

Oja, E. (1982). A simplified neuron model as a principal component analyzer. *Journal of Mathematical Biology, 15*, 267-273.

Oja, E. (1992). Principal components, minor components, and linear neural networks. *Neural Networks, 5*, 927-935.

Oja, E., & Karhunen, J. (1985). On stochastic approximation of the eigenvectors and eigenvalues of the expectation lof a random matrix. *Journal of Mathematical Analysis and Applications, 106*, 69-84.

Oja, E., & Kaski, A. (1999). *Kohonen maps*. Amsterdam, Netherland: Elsevier.

Olshausen, B. A., & Field, D. J. (1997). Sparse coding with an overcomplete basis set: A strategy employed by v1? *Vision Research, 37*, 3311-3325.

大嶋百合子 (1997). 言葉の意味の学習に関するニューラルネットワークモデル —— 人称代名詞の場合. 『心理学評論』 *40*, 361-376.

Owen, J. P., Chang, Y. S., Pojman, N. J., Bukshpun, P., Wakahiro, M. L., Marco, E. J., Berman, J. I., Spiro, J. E., Chung, W. K., Buckner, R. L., Roberts, T. P., Nagarajan, S. S., Sherr, E. H., & Mukherjee, P. (2014). A berrant white matter microstructure in children with 16p11.2 deletions. *Journal of Neuroscience, 30*, 6214-6223.

Pearson, K. (1901). On lines and planes of closest fit to systems of points in space. *Philosophical Magazine, 2*, 559-572.

Perry, C., Ziegler, J. C., & Zorzi, M. (2007). Nested incremental modeling in the development of computational theories: The CDP model of reading aloud. *Psychological Review, 114*, 273-315.

Perry, C., Ziegler, J. C., & Zorzi, M. (2010). Beyond single syllables: Large-scale modeling of reading aloud with the connectionist dual process (CDP++) model. *Cognitive Psychology, 61*, 106-151.

Perry, C., Ziegler, J. C., & Zorzi, M. (2013). A computational and empirical investigation of graphemes in reading. *Cognitive Science, 37*, 1-29.

ピアジェ, J.・インヘルダー, B. (1965). 『量の発達心理学』 (滝沢武久, Trans.). 東京：国土社 (1997) (Original work published 1941; *Le Developpement des Quantites Chez L'enfant*, Jean Piaget and Barbel Inhelder, Delachaux and Niestle S.A., Neuchatel.)

ピアジェ, J. (1970). 『構造主義』 (滝沢武久・佐々木明, Trans.). 東京：白水社. (Original work published 1968; *Le Structuralisme*, Jean Piaget, Que Sais-Je.)

ピアジェ, J. (1972). 『発生論的認識論』 (滝沢武久, Trans.). 東京：白水社. (Original work published 1970; *L'Épistémologie Génétique*, Jean Piaget, Que Sais-Je.)

Plaut, D., McClelland, J. L., Seidenberg, M. S., & Patterson, K. (1996). Understanding normal and impaired word reading: Computational principles in quasi-regulardomains. *Psychological Review, 103*, 56-115.

Plaut, D., & Shallice, T. (1993). Deep dyslexia: A case study of connectionist neuropsychology. *Cognitive Neuropsychology, 10*, 377-500.

Poggio, T., Torre, V., & Koch, C. (1985). Computational vision and regularization theory. *Nature, 317*, 314-319.

Ratcliff, R. (1990). Connectionist models of recognition memory: Constraints imposed by learning and forgetting functions. *Psychological Review, 97*, 285-308.

Rissanen, J. (1978). Modeling by shortest data description. *Automatica, 14*, 465-471.

Rodieck, R. W. (1965). Quantitative analysis of cat retinal ganglion cell response to visual stimuli. *Vision Research, 5*, 583-601.

Roe, A. W., Pallas, S. L., Kwon, Y. H., & Sur, M. (1992). Visual projections routed to the auditory pathway in ferrets: Receptive fields of visual neurons in primary auditory cortex. *Journal of Neuroscience, 12*, 3651-3664.

Rogers, T. T., & McClelland, J. L. (2004). *Semantic cognition: A parallel distributed processing approach.* Cambridge, MA: The MIT Press.

Rosenblatt, F. (1958). The perceptron: A probabilistic model for information storage and organization in the brain. *Psychological Review, 65*, 386-408. (In J.A. Anderson and E. Rosenfeld (Eds.), *Neurocomputing* (1988), MIT Press.)

Rumelhart, D. (1990). Brain style computation: Learning and generalization. In S. F. Zornetzer, J. L. Daviis, & C. Lau (Eds.), *An introduction to neural and electronic networks* (pp.405-420). San Diego, CA: Academic Press.

Rumelhart, D. E., Hinton, G. E., & Williams, R. J. (1986). Learning internal representations by error propagation. In D. E. Rumelhart & J. L. McClelland (Eds.), *Parallel distributed porcessing: Explorations in the microstructures of cognition* (Vol.1, pp.318-362). Cambridge, MA: MIT Press.

Rumelhart, D. E., & McClelland, J. L. (1982). An interactive activation model of context effects in letter perception: Part 2. The contextual enhancement effect and some tests and extension of the model. *Psychological Review, 89*, 60-94.

Rumelhart, D. E., & McClelland, J. L. (1986). *Parallel distributed processing: Explorations in the microstructures of cognition.* Cambridge, MA, USA: MIT Press.

Rumelhart, D. E., & Zipser, D. (1985). Feature discovery by competitive learning. *Cognitive Science, 9*, 75-112.

Salakhutdinov, R., & Hinton, G. E. (2006). An efficient learning procedure for deep Boltzmann machines. *Neural Computation, 24*, 1967-2006.

Sanger, T. D. (1989). Optimal unsupervised learning in a single-layer linear feed-forward neural network. *Neural Networks, 2*, 459-473.

Sawyer, R. K. (2012). *Explaining creativity.* Oxford: Oxford University Press.

Schwarz, G. (1978). Estimating the dimension of a model. *The Annals of Statistics, 6*, 461-464.

Sejnowski, T. J., & Rosenberg, C. R. (1987). Parallel networks that learn to pronounce English text. *Complex Systems, 1*, 145-168.

Selfridge, O. G. (1958). Pandemonium: A paradigm for learning. In *Mechanisation of Thought Processes: Proceedings of a Symposium Held at the National Physical Laboratory* (Vol.1, pp.513-526). London, HMSO.

Shultz, T. R., Mareschal, D., & Schmidt, W. C. (1994). Modeling cognitive development on balance scale phonemena. *Machine Learning, 16*, 57-86.

Siegelmann, H. T., & Sontag, E. D. (1991). Turing computability with neural nets. *Applied Mathematics Letter b, 4*, 77-80.

Simard, P. Y., Steinkraus, D., & Platt, J. C. (2003). Best practices for convolutional neural networks applied to visual document analysis. In *Proceedings of the Seventh International Conference on Document Analysis and Recognition* (pp.958-962). Edinburgh, UK.

Smolensky, P. (1986). Information processing in dynamical systems: Foundations of harmony theory. In D. E. Rumelhart & J. L. McClelland (Eds.), *Parallel distributed processing, volume 1: Foundations* (Vol.1, pp.194-281). Cambridge, MA, USA: MIT Press.

須賀哲夫・久野雅樹 (2000).「ヴァーチャルインファント —— 言語獲得の謎を解く」, 京都:北大路書房.

Sutskever, I., & Hinton, G. E. (2007). Learning multilevel distributed representations for high-dimensional sequences. In *Proceedings of the Eleventh International Conference on Artificial Intelligence and Statistics, AISTATS* (pp.548-555). San Juan, Puerto Rico.

Sutton, R. S., & Barto, A. G. (1998). *Reinforcement learning*. Cambridge, MA: MIT Press.

鈴木匡子 (2014).「何故たまたまできるのか —— 神経心理学的症候の変動とその要因」に寄せて.『神経心理学』*30*, 174-175.

Tang, G., Gudsnuk, K., Kuo, S.-H., Cotrina, M. L., Rosoklija, G., Sosunov, A., Sonders, M. S., Kanter, E., Castagna, C., Yamamoto, A., Yue, Z., Arancio, O., Peterson, B. S., Champagne, F., Dwork, A. J., Goldman, J., & Sulzer, D. (2014). Loss of mTOR-Dependent macroautophagy causes autistic-like synaptic pruning deficits. *Neuron, 83*, 1131-1143.

Tibshirani, R. (1996). Regression shrinkage and selection via the lasso. *Journal of the Royal Statistical Society, Series B, 58*, 267-288.

戸川隼人 (1992).『ワークステーションによる科学技術計算ハンドブック基礎編 C 言語版』東京:サイエンス社.

トマセロ, M. (2006).『心とことばの起源を探る』(大堀壽夫・中澤恒子・西村義樹・本多啓, Trans.). 東京:勁草書房. (Original work published 1999; *The Cultural Origins of Human Cognition*, Michael Tomasello, Harvard University Press.)

トマセロ, M. (2008).『ことばをつくる』(辻幸夫・野村益寛・出原健一・鍋島弘治朗・森吉直子, Trans.). 東京:慶応義塾大学出版会. (Original work published 2003; *Constructing a language: A usage-based theory of language acquisition*. Harvard University Press.)

Torgerson, W. S. (1952). Multidimensional scaling: I. theory and method. *Psychometrika, 17*, 401-419.

Torgerson, W. S. (1965). Multidimensional scaling of similarity. *Psychometrika, 30*, 379-393.

Turing, A. M. (1950). Computing machinery and intelligence. In D. R. Hofstadter & D. C. Dennett (Eds.), *The mind's I.: Fantasies and reflections on self and soul*. Basic Books.

Tyler, L., Moss, H. E., Durrant-Peatfield, M. R., & Levy, J. P. (2000). Conceptual structure and the structure of concepts: A distributed account of category-specific deficits. *Brain and Language, 75*,

195-231.

Ueno, T., Saito, S., Rogers, T. T., & Lambon Ralph, M. A. (2011). Lichtheim 2: Synthesizing aphasia and the neural basis of language in a neurocomputational model of the dual dorsal-ventral language pathways. *Neuron, 72*, 385-396.

臼井支朗 (1997). 『脳・神経システムの数理モデル』東京：共立出版.

Vapnik, V. N. (1995). *The nature of statistical learning theory*. New York, NY, USA: Springer-Verlag.

Vapnik, V. N. (1998). *Statistical learning theory*. John Wiley & Sons.

Vapnik, V. N., & Chervonenkis, A. Y. (1971). On the uniform convergence of relative frequencies of events to their probabilities (B. Seckler, Trans.). *Theory of Probability and Its Applications, 16*, 264-280.

Varshney, L. R., Pinel, F., Varshney, K. R., Bhattacharjya, D., Schörgendorfer, A., & Chee, Y.-M. (2013). A big data approach to computational creativity. *axXiv, 1311.1213v1 cs.CY*.

Wager, S., Wangy, S., & Liangy, P. (2013). *Dropout training as adaptive regularization*. Harrahs and Harveys, Lake Tahoe, Nevada.

Warrington, E. K. (1975). The selective impairment of semantic memory. *Quarterly Journal of Experimental Psychology, 27*, 635-657.

Warrington, E. K. (1982). Neuropsychological studies of object recognition. *Philosophical Transactions of the royal society, B, 289*, 15-33.

Weigend, A. S., Rumelhart, D. E., & Huberman, B. A. (1990). Generalization by weight elimination with application to forecasting. In R. Lippmann, J. Moody, & D. Touretzky (Eds.), *Advances in neural information processing systems* (Vol.3, pp.875-882). Morgan-Kaufman.

Westermann, G., & Ruh, N. (2012). A neuroconstructivist model of past tense development and processing. *Psychological Review, 119*, 649-667.

ビルト, N. (1979).『アルゴリズム＋データ構造＝プログラム』（片山卓也, Trans.）. 東京：日本コンピュータ協会. (Original work published 1976; *Algorithms+Data structures=Programs*, Niklaus Wirth, Prentice-Hall, Englewood Cliffs, NJ, USA.)

Wolpert, D. H., & Macready, W. G. (1997). No free lunch theorems for optimization. *IEEE Transactions on Evolutionary Computation, 1*, 67-82.

Ziegler, J. C., Perry, C., & Zorzi, M. (2014). Modelling reading development through phonological decoding and self-teaching: Implications for dyslexia. *Philosophical Transactions of the Royal Society B, 369*, 20120397.

索　引

■ アルファベット

AIC　153
BIC　153
GPU　77
IEEE　4
L0　62
L1　63, 64
L2　61, 63, 64
LOSSO　63
MDL　153
NIC　153
NETtalk　101
STDP　106

■ あ 行

アフィン変換　58, 70
一撃アルゴリズム　40, 111
一貫語　99
一般化線形モデル　61
遺伝的アルゴリズム　115
因子分析　52, 84, 147
枝刈り法　64, 157
エントロピー　152
オッカムの剃刀　64
重み消去法　63
重み先鋭化　64, 158
重み崩壊　63, 107, 156
音象徴性ブートストラップ仮説　41
音声認識　43

■ か 行

外積　143
ガウシアン関数　34, 56, 140, 152
過学習　60, 62, 74, 155
獲得年齢効果　101, 110
確率変数　45
確率論的二値変数　45
確率論的二値ユニット　43
カスケードコリレーション　38
画像認識　43
活性化関数　11
カーネル関数　56
ガボール関数　56
カリキュラム学習　70
カルバック・ライブラー情報量　50, 152
擬似逆行列　146
基底　91, 150
ギブスサンプリング　49
帰無仮説　109
逆行列　146
教科学習　38
教師あり学習　11
教師なし学習　3, 11, 43, 83
行ベクトル　141
行列式　145
グラム・シュミットの直交化　89
計算可能性　12
計算論的創造性　115
計算論的知能　4
形式ニューロン　11

語彙爆発　39
交差エントロピー　53
勾配降下法　64, 110
コーシー・シュワルツの不等式　142
コネクショニスト二重処理モデル　99
固有値　147
固有値問題　84
コレスキー分解　102, 148
コントラスティブダイバージェンス　50

■ さ 行

最尤推定法　153
サポートベクターマシン　4, 17
三角不等式　143
シェマ　36
視覚情報処理　1, 23, 25
シグモイド関数　29
自己組織化写像　15, 65, 79, 83
指数関数　138
事前学習　43
自動符号化　53
自動翻訳　3, 43
自閉症　113, 157
社会的相互作用　38, 114
主成分分析　65, 83, 84, 85, 147
出力関数　74
受容野　34, 55
勝者占有回路　83
情報量最大化原理　58
神経構成論主義　37, 101
神経心理学　114
新ピアジェ主義者　38
スカラ　140
ストーン・ワイヤーストラスの近似定理
　　76
スパイクタイミング依存電位変化　106

スパイク電位　9
正規直交基底　43, 150
正規分布　140
制限ボルツマンマシン　22, 44, 96
生成モデル　43, 45, 79
正則化　61, 107, 155
正則化理論　17
生得性　42
生物学的妥当性　52, 98
正方行列　143
制約　40
整流線形ユニット　74
ゼロ行列　143
線形分離　67
潜在意味分析　2, 113
層内結合　78
即時学習　40
側抑制　28
疎性結合　56
疎性原理　44, 62, 64, 75, 111
ソフトプラス関数　75
素朴理論　40

■ た 行

対角行列　144
対称行列　144
対数線形モデル　65
対数尤度　154
多次元尺度構成法　83
多次元多様体　85
多重実現性　98
多自由度問題　24
畳み込みネットワーク　26, 55, 76
単位行列　90, 144
単一アルゴリズム仮説　105
単純さの原理　62

知能指数　115
チャーチ・チューリングのテーゼ　66
調節　36, 39, 114
直交基底　150
直交行列　91, 147
ティコノフの正則化　63
適応的アルゴリズム　38
テキストマイニング　3, 43
データマイニング　1, 84
転置行列　143
同化　36, 39, 114
統計的検定理論　3, 109
統計力学　15
洞察学習　110
特異値分解　2, 84, 113
独自学習　11, 43
独立成分分析　65
トポロジカルマッピング　65
トライアングルモデル　99
ドロップアウト　60

■ な　行

内部表象　14
滑らかさの原理　62
二重乖離　117
二重径路モデル　99
二重中心化　87
ネオコグニトロン　25
ネットトーク　101
ノーフリーランチ定理　80

■ は　行

排他的論理和　30, 67
ハイパーコラム　55
白質　156
パーセプトロン　13, 67

バックプロパゲーション　13, 64, 111
破滅的干渉　71, 111
パリティ問題　30
判別モデル　45, 79
非一貫語　99
非線形回帰　61
非単語　99
ビッグデータ　2, 52, 53, 77, 84, 113, 115
頻度効果　101
不応期　75
複素共役　115
伏魔殿モデル　33
不良設定問題　62, 63
分割統治　111
分散　139
分配関数　47
ベイズの公式　108
冪乗法　147
ベクトル　140
ヘッブ則　83, 84, 88
変換型失認　96
方位選択性　58
ボックスアンドアローモデル　97, 99, 112
ホップフィールドモデル　15, 115
ボルツマン分布　48
ボルツマンマシン　16

■ ま　行

マックスアウト　74
マックスプーリング　57
マルコフランダム場　46
マンセルの色立体　54
ミニバッチ　74, 77

■ や　行

ヤング・ハウスホルダー変換　87

尤度　151

■ ら 行

ラグランジェ関数　20
ラグランジェ乗数　84, 88, 116

リッジ回帰　63
領域固有性　39, 114, 115
列ベクトル　141
レーベンバーグ・マルカート法　61

著者紹介

浅川伸一(あさかわ　しんいち)

1962年千葉県銚子市出身。早稲田大学第一文学部卒，同大学大学院修了。博士（文学）。文教大学人間科学部助手を経て，現在東京女子大学情報処理センター。専門は，計算論的神経科学など。人間や機械の知的活動の基礎を考える際に，歴史的因果律（進化論）に拠るのか物理的因果律（神経生理学）に基づくべきなのか迷い続けている。シイタケが食べられない。日本神経回路学会，日本認知科学会，IEEE computational intelligence society, Cognitive Science Society, Organization for Computational Neuroscience, 他国内5学会所属。著書に『認知心理学の新展開：言語と記憶』川崎惠里子（編著）第4章「脳損傷患者の症例から見た読字過程」，『コネクショニストモデルと心理学』守一雄，都築誉史，楠見孝（編著）第5章「脳損傷とニューラルネットワークモデル ── 神経心理学への適用例」，同書12章「ニューラルネットワークの数理的基礎」などがある。

ディープラーニング，ビッグデータ，機械学習
あるいはその心理学

初版第1刷発行	2015年2月10日
初版第4刷発行	2016年6月30日

著　者	浅川伸一
発行者	塩浦　暲
発行所	株式会社　新曜社
	101-0051　東京都千代田区神田神保町3－9
	電話 (03)3264－4973（代）・FAX (03)3239－2958
	e-mail : info@shin-yo-sha.co.jp
	URL : http://www.shin-yo-sha.co.jp
組　版	Katzen House
印　刷	新日本印刷
製　本	イマヰ製本所

ⓒ Shinichi Asakawa, 2015 Printed in Japan
ISBN978-4-7885-1422-5 C3011

新曜社の関連書

ソーシャルグラフの基礎知識 繋がりが生み出す新たな価値	春木良且	A5判176頁 本体1800円
ミラーニューロンと 〈心の理論〉	子安増生・大平英樹 編	A5判244頁 本体2600円
キーワードコレクション 心理学フロンティア	子安増生・二宮克美 編	A5判240頁 本体2500円
キーワードコレクション 認知心理学	子安増生・二宮克美 編	A5判240頁 本体2400円
R & STAR データ分析入門	田中 敏・中野博幸	B5版248頁 本体3200円
クイック・データアナリシス 10秒でできる実践データ解析法	田中 敏・中野博幸	四六判128頁 本体1200円
数字で語る 社会統計学入門	H. ザイゼル 佐藤郁哉 訳	A5判320頁 本体2500円
コンピュータを疑え 文化・教育・生態系が壊されるとき	C. A. バウアーズ 杉本卓・和田惠美子 訳	四六判272頁 本体2800円
統計用語辞典	芝 祐順・渡部 洋・石塚智一 編	A5判386頁 本体4500円
ワードマップ 情報と生命 脳・コンピュータ・宇宙	室井 尚・吉岡 洋	四六判224頁 本体1600円
ワードマップ ゲーム理論 人間と社会の複雑な関係を解く	佐藤嘉倫	四六判196頁 本体1800円
情報数学入門	榎本彦衛	A5判168頁 本体1800円
微分方程式入門	村上温夫	A5判194頁 本体2000円

＊表示価格は消費税を含みません。